発達段階別
成長の特徴と
おすすめ絵本がわかる

発達段階
×
絵本

木村美幸・松嵜洋子

風鳴舎

本書について

本書「発達段階表　（年齢別・発達別一覧表）」は、幼稚園教育要領、保育所保育指針及び幼保連携型認定こども園教育・保育要領の３つの資質・能力及び「幼児期の終わりまでに育ってほしい姿」を踏まえたうえで、０歳から就学前までの各年齢における子どもの発達と保育・教育のねらい、取り組み・環境などを一目でわかる"目安"として示したものです。
言語の発達段階を踏まえた目安を表内に記すとともに、その年齢にふさわしい古今東西のロングセラー絵本を明記します。
保育・子育てにお役立ていただける一冊です。

はじめに

　人間は生涯発達するという考え方が一般的になってきました。乳幼児期の発達についても研究が進み、生涯発達の1つの時期として位置づけられています。単に「できない」ことが「できる」ようになるというように、様々な種類の能力・スキルを獲得するだけでなく、「できるようになりたい」「取り組みたい」ことやその内容は発達するにつれて変わります。

　本書は、保育や養育に関わる人や、幼児教育や保育、子どもの発達について学んでいる学生が、子どもに関わる際の参考になるように、子どもが生まれてから小学校入学までの時期にみられる様々な領域の発達についてまとめたものです。

　最初に、乳幼児期の発達を理解することの意義と本書の使い方を示しています。

　次に、年齢ごとの発達を表にしました。保育所保育指針、幼保連携型認定こども園教育・保育要領等を参考にして、おおよその年齢を示しました。それぞれの年齢で現れる発達は多岐にわたるため、全ての事柄や行動を記載することができません。そのため、その年齢において、特徴的なことのみを取り上げました。

　事柄は、読みやすさやわかりやすさを考慮して、領域で重複しないようにできるだけ1か所の記載にとどめました。もちろん各領域は別々に発達するのではなく、それぞれ絡み合って発達するので、1つの領域に記載することは適切ではないと考えられる事柄もあります。さらに、子ども一人ひとりの発達の姿は異なるので、記載された通りに発達するわけではありません。一人ひとりの子どもの実際の姿を示したものではなく、一般的な発達の概形を表したものになっています。

　子どもの発達を読み取る視点として、また、子どもの保育・教育や養育をする際の参考として、さらに子どもの発達を見通すための資料として、読んでいただけると幸いです。

松嵜洋子

発達段階別 成長の特徴とおすすめ絵本がわかる
発達段階×絵本

目 次

解　説

コラム　〜絵本あらかると〜

まえがきにかえて

　発達には個人差はあるものの、おおよその発達・発育の目安を知ることは、保育や子育てをするうえで、大変有意義であると思われます。

　現在、施行されている幼稚園教育要領、保育所保育指針及び幼保連携型認定こども園教育・保育要領では、生きる力の基礎を育むため、教育及び保育の基本を踏まえ、3つの資質・能力を一体的に育むように努めるものとするということが明記されています。

　①「知識及び技能の基礎」（豊かな体験を通じて、感じたり、気づいたり、わかったり、できるようになったりする）②「思考力、判断力、表現力等の基礎」（気づいたことや、できるようになったことなどを使い、考えたり、試したり、工夫したり、表現したりする）③「学びに向かう力、人間性等」（心情、意欲、態度が育つ中で、よりよい生活を営もうとする）の3つです。

　また、この3つの資質・能力は、乳児期の3つの視点「①身近な人と気持ちが通じ合う　②身近なものと関わり感性が育つ　③健やかに伸び伸びと育つ」と、幼児期の5つの領域①「健康」②「人間関係」③「環境」④「言葉」⑤「表現」で示される教育・保育の「ねらい及び内容」に基づく活動全体によって遊びを通して総合的に育まれること、とされています。

　さらに、その活動全体を通して資質・能力が育まれ、^{注1}「幼児期の終わりまでに育ってほしい姿」を10個の視点として示しながら、保育者らが指導を行う際にその目的と事例を考慮するものであることが明記されています（2018年4月より施行）。

注1 「幼児期の終わりまでに育ってほしい姿」・・・①健康な心と体　②自立心　③協同性　④道徳性・規範意識の芽生え　⑤社会生活との関わり　⑥思考力の芽生え　⑦自然との関わり・生命尊重　⑧数量・図形、標識や文字などへの関心・感覚　⑨言葉による伝え合い　⑩豊かな感性と表現

本書「発達段階別 成長の特徴とおすすめ絵本がわかる『発達段階×絵本』」は、これらの３つの資質・能力及び５つの領域、「幼児期の終わりまでに育ってほしい姿」を踏まえたうえで、０歳から就学前までの各年齢における子どもの発達と保育・教育のねらい、取り組み・環境などを縦軸・横軸に取り、一目で発達段階を確認できる目安として示したものです。

　また、本書の特筆すべき点は、言語発達段階を踏まえた目安を表内に記すとともに、その年齢にふさわしい古今東西のロングセラー絵本を明記していることです。

　それらの著名な絵本をどのように保育・子育てに活かせばよいのか知りたい方には、具体的な「ねらい・トピックス」や、私が30年近く保育・教育現場でレクチャーさせていただいてきた経験を活かしたエピソードが記されたガイドブック的エッセイ、『これだけは読んでおきたい すてきな絵本100』（2022年　風鳴舎刊）を参考にしていただければ幸いです。是非本書とあわせてご高覧ください。

木村美幸

発達段階に合わせた絵本がなぜ必要？

「絵本を読む」＝言葉をもとに想像力を働かせ、内容を理解し、物語の展開についていくこと

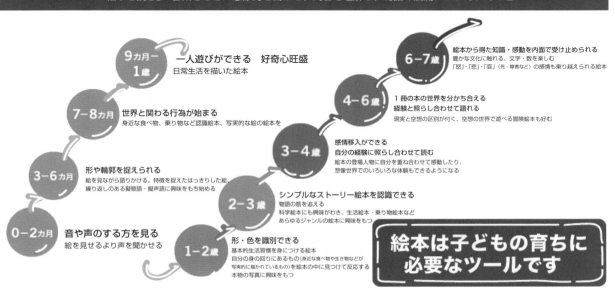

9カ月ー1歳 一人遊びができる　好奇心旺盛
日常生活を描いた絵本

7－8カ月 世界と関わる行為が始まる
身近な食べ物、乗り物など認識絵本、写実的な絵の絵本を

3－6カ月 形や輪郭を捉えられる
絵を見ながら語りかける。特徴を捉えたはっきりした絵、繰り返しのある擬態語・擬声語に興味をもち始める

0－2カ月 音や声のする方を見る
絵を見せるより声を聞かせる

1－2歳 形・色を識別できる
基本的生活習慣を身につける絵本
自分の身の回りにあるもの（身近な食べ物や生き物などが写実的に描かれているもの）を絵本の中に見つけて反応する
本物の写真に興味をもつ

2－3歳 シンプルなストーリー絵本を認識できる
物語の筋を追える
科学絵本にも興味がわき、生活絵本・乗り物絵本などあらゆるジャンルの絵本に興味をもつ

3－4歳 感情移入ができる
自分の経験に照らし合わせて読む
絵本の登場人物に自分を重ね合わせて感動したり、想像世界でのいろいろな体験もできるようになる

4－6歳 1冊の本の世界を分かち合える
経験と照らし合わせて語れる
現実と空想の区別が付く、空想の世界で遊べる冒険絵本も好む

6－7歳 絵本から得た知識・感動を内面で受け止められる
豊かな文化に触れる、文字・数を楽しむ
「怒」・「悲」・「哀」（死・障害など）の感情も乗り越えられる絵本

絵本は子どもの育ちに必要なツールです

『これだけは読んでおきたい すてきな絵本 100』

　本書では、発達段階表の中で、子どもたちの成長の特徴・発達段階にあわせて絵本を紹介しています。それらの絵本は、主に、書籍『これだけは読んでおきたい すてきな絵本 100』でご紹介したおすすめ絵本、合計 189 冊の中から選んで掲載しています。

　絵本はそれ以外にもたくさんありますので、前述の発達段階に合わせた絵本の選び方を参考に選んでいただければと思います。

　『これだけは読んでおきたい すてきな絵本 100』は、ベテラン絵本コーディネーターの著者が自信をもっておすすめする、対象年齢別に、その年齢に適した魅力いっぱいの絵本たちを紹介した本です。

　食育、言葉あそび、お友達 ･･･ といったテーマ別でも掲載し、その数ぜんぶで 189 冊。絵本の「ねらい・トピックス」の解説付きで子育てや保育にお役立ていただけます。

　親子での読み聞かせや子育て支援の場で子どもたちと絵本を楽しむのにお使いいただける、絵本ガイドの決定版、選りすぐりのロングセラー絵本ばかりを集めていますので、何世代にも渡って長い間お使いいただけます。

木村美幸著　判型:A5 正寸／ 160 ページ／フルカラー／ ISBN978-4-907537-37-1　本体 1,800 円＋税 （風鳴舎）

著者コラム　　　　タイトル

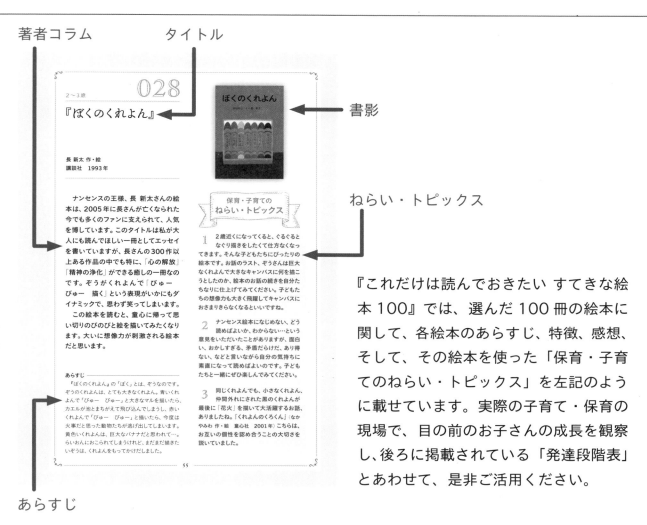

書影

ねらい・トピックス

あらすじ

『これだけは読んでおきたい すてきな絵本 100』では、選んだ 100 冊の絵本に関して、各絵本のあらすじ、特徴、感想、そして、その絵本を使った「保育・子育てのねらい・トピックス」を左記のように載せています。実際の子育て・保育の現場で、目の前のお子さんの成長を観察し、後ろに掲載されている「発達段階表」とあわせて、是非ご活用ください。

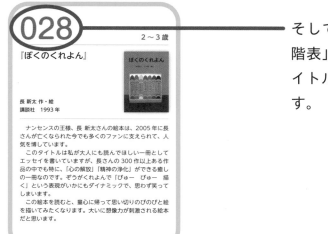

そして、本書ではこの番号が、「発達段階表」のおすすめ絵本（50 音順）のタイトル横に掲載されている番号となります。

発達とは

 発達とは何か

　発達は、「人間の誕生から死に至るまでの心身の変化」と定義されます。

　「氏か育ちか」という遺伝と環境の影響に関して、これまで多くの議論がなされてきました。生まれつき遺伝的に決定される「生得的要因」は、発達に大きく影響を与えることがわかっています。しかし、発達は「生得的要因」だけで決定するわけではありません。現在では、「生得的要因」と生まれた後の環境が影響を及ぼす「環境的要因」が絡み合い、互いに影響しながら変化すると考えられています。

　赤ちゃんは生後3か月頃になると首が座り、一定の時間同じ姿勢を保つことができるようになります。このように、元々遺伝的にもっている機能が一定の期間を経て発現し、できるようになることは、「成熟」と呼ばれています。

　また、「成長」という言葉は発達とほぼ同意義で使われますが、例えば身長などのように数字で表すことができる量的な変化を指して使われることが多くみられます。一方、狭い意味で用いられる「発達」は、例えば言語獲得のように新たな機能を獲得するなど、質的な変化を指すことが多くみられます。

　「発達」は、人と環境の相互作用をする中で、遺伝的に有する機能を発現させたり新たな機能を獲得したりしながら、それらの機能を要素的、あるいは全体的に、また量的・質的に変化させていくことです。この「発達」は、一定の方向性・順序性があることがわかっています。さらに、特定の機能が発達しやすい最適な時期があり、ある程度の個人差もあります。

　「発達」を知ることによって、人間を時間という軸の流れの中でとらえて理解することができます。「できなかったことができるようになる」「少ししかできなかったことがたくさんできるようになる」というような量的な拡大だけでなく、「これまでとは異なることができる」など、構造的な変化・質的な変化も含まれます。能力やスキルを獲得することだけが発達ではなく、人間の発達にその時の興味・関心が大きな影響を及ぼしています。

② 乳幼児期の発達の特徴

　一人ひとりの子どもの発達段階は、同じ年齢や月齢の子どもでも同じであるとは限りません。また、<u>直線的に発達を示すわけではありません</u>。そのため、「〇歳までに〜ができる」というような年齢ごとの「発達課題」を達成することが目的ではありません。

　しかし、実際には時間・年齢の経過につれて、心身の様々な領域の<u>特徴、機能が変化</u>します。この変化には、一定の<u>方向性・順序性</u>があります。例えば、座る、立つ、歩くという行動は、大多数の子どもがこの同じ順序で出現します。

　領域や種類によって異なるもののこれらの「発達」は、おおよそ可能になる<u>年齢（年齢範囲）</u>があります。例えば、食事は、生後6か月頃には大人の助けが必要ですが、1歳頃になると自分で食べることができるようになります。また、最初は一人でものと関わったり、大人と一緒に遊んだりしていますが、3歳頃になると仲間と一緒にやり取りしながら遊ぶようになります。さらに5歳頃になると、チーム対抗の集団遊びなどをするようになります。

③ 乳幼児期の発達を理解する重要性

　近年、<u>乳幼児期の教育・保育</u>が注目されています。この乳幼児期は、人間の生涯発達において大きな変化が起こる時期なので、この時期の発達を理解することが重要です。

(1) 子どもの心と体が著しく発達する乳幼児期

　生後1年の間に身長は約1.5倍、体重は約3倍に成長します。1歳頃になると、「立つ」や「歩く」ができるようになり、姿勢が大きく変化します。さらに言葉も話すようになるなど、様々な領域でできることが増えていきます。しかし、この時期の発達は、外側から見ることができることだけではありません。日常生活の習慣を身につけることや、学びの基礎を培うことなど、生活を営むうえで必要となる考え方の基礎となる心の発達が起こります。

(2) 育ちに大きく影響する乳幼児期の環境

　子どもは自分だけで発達するわけではありません。どのようなものがあるか、誰がいるか、どのように関わるのかなど、子どもが過ごす環境は、子どもの発達を大きく方向づけるものです。<u>子どもと関わる大人は、養育や保育の中で環境を整え、適切な関わりをすることによって育ちを促すことができます。</u>

　この乳幼児期における環境はこの時期のみに影響があるのでなく、その後の子どもの発達にも影響を及ぼすことが研究からわかっています。アメリカで行われた研究によると、経済的に恵まれない家庭の子どもの中であっても質の高い幼児教育を受けた子どもの方が、その幼児教育を受けなかった子どもよりも、9歳時点での学業成績が高い割合が多くなりました。さらに、40歳時点においても就業している割合が高くなりました。この結果からも、乳幼児期の物理的な環境や大人の関わりが子どもの育ちに大きく関わることが明らかになっています。

(3) 子どもの発達の状態を把握することが必要

　子どもはできることやしたいと願っていること、興味をもっていることなど、様々な領域における、その時期の発達の特徴をとらえることが養育や保育を行ううえで前提となります。<u>子どもの発達を促すために環境を整え、適切に関わるためには、子どもの発達の状態を把握することが必要です。</u>

　しかし、それだけでは十分といえません。現状を把握することに加えて、子どもの変化を見通して発達を促すことができるような環境構成や関わりが求められます。

　子どもは、主体的に活動し、今はできないことができるようになることを願って意欲的に取り組みますが、易しすぎると飽きたり退屈したりします。一方、難しすぎるとできないことばかり経験するために取り組まないことがあります。そのため、子どもがやってみたいと思える<u>主体的、意欲的に取り組むことができるような環境を用意</u>することが重要になります。

　発達を促す環境を準備するためには、子どもの現在の発達状況とこれからの発達の見通しをもつことが不可欠であり、子どもの<u>発達の順序や方向性</u>を理解することは<u>重要</u>です。

松嵜洋子

この本の使い方

　子どもの発達状況を年齢別にとらえることは通常はありません。しかしながら、実際には年齢や月齢によって子どもの姿が異なります。そこで、生まれてから就学前までの6年間を、6か月未満、6か月〜1歳3か月未満、1歳3か月〜2歳未満、2歳、3歳、4歳、5歳、6歳に分けました。

　さらに、子どもの発達を、「①身体（身体機能、運動発達）」、「②生活（生活習慣）」、「③認知」、「④言葉」、「⑤社会性・情動（気持ち、興味関心・自己調整、社会性・コミュニケーション）」、「⑥表現と遊び（表現、遊び）」の6つの大項目、10の小項目の領域で整理しました。これらの領域の発達に対応した「⑦環境構成・大人の関わり」の項目を作成しました。最後にそれぞれの年齢発達に対応した絵本を紹介しています。
　領域のそれぞれの項目の内容について説明します。

① 身体

　乳幼児期は、生涯の中で身体が著しく成長・発達する時期ですので、この項目では主に身体の発達を扱っています。ここには、「身体機能」と「運動発達」の2つを取り上げました。

(1) 身体機能

　それぞれの年齢における目、耳、歯の姿を主に示しています。目は視力や視野の発達、耳は聴覚、および、聴覚領域の環境との関わり、歯は乳歯が生えてから永久歯に生え変わり始める時期の様子を示しました。

(2) 運動発達

　乳幼児期には、身体発達に伴って運動面での著しい発達が出現します。この運動発達は身体全体を使って大きく動かす「粗大運動」と、手指を用いて細かく調整して動かす「微細運動」があります（解説3）。「粗大運動」は、例えば、歩く、走る、跳ぶ、投げるなどの運動です。「微細運動」は、手のひら全体でつかもうとする状態から指と指でつまむことができるようになり、巧みに動かして、指で粒をつかむ、はしで食べる、鉛筆を持って書くことなどができるようになっていきます（解説2）。

2 生活

　子どもの生活と遊びは別々のものではなく、密接に関わり合っており、生活の中でこの2つは連動しています。生活するうえで基本的な活動に取り組むことにより、次第に生活リズムが確立していきます。

(1) 生活習慣

　日常生活を繰り返し経験する中で、食事の前に手を洗うことや着替えること、排泄の自立などの基本的な習慣を身につけていきます。睡眠・食事・排泄・清潔・衣服の着脱の5つを「基本的生活習慣」と呼び、幼児期の終わりまでにはこれらを身につけます。ここでは清潔と食事を中心に取り上げました。

3 認知

　子どもは、遊びや生活の中で様々なものと出合い、視覚、聴覚、嗅覚、味覚、触覚の五感を通して様々な情報を受け取ります。それらの感覚は互いに影響し合って複合的な感覚になり、特性や特徴をとらえてまとまりを作ります。さらに知覚するだけでなく、出来事について推理したり、判断したり、記憶したりするなど情報を収集し、処理する過程も含んでいます。

(1) 認知

　子どもは、見たり聞いたり触れたりするものの性質や特徴をとらえて、概念のまとまりを作って認知（理解）します。見た目の類似性によって作られるカテゴリ（例えば「イヌ」）から、複数のカテゴリを統合する「上位カテゴリ」（例えば「動物」）、細かい「下位カテゴリ」（例えば「チワワ」）のように階層を作るようになります。さらに認知は推理・判断・記憶なども含みます。比較したり、法則やルールを理解したり、想像することもできるようになります。

4　言葉

(1) 言葉

　赤ちゃんは生まれた直後から泣き声を発します。2か月頃になると「アー」「ウー」など「クーイング」と呼ばれる穏やかな発声をするようになります。その後、「アーアーアー」のように意味をもたない母音の繰り返しである喃語（なんご）を発します。その後「マンマ」などの意味をもつ初語（しょご）を発するようになります。さらに語彙が増加して、一語文、二語文を話すようになり、次第に会話をするようになります。言語発達の著しい乳幼児期は、話すことや聞くことを通して世界を理解し、言葉を用いてコミュニケーションをします。さらに、年齢が高くなると音声で表わされる言葉だけでなく、文字を習得して読んだり書いたりします。

5　社会性・情動

　子どもは、人と関わりながら家庭や園、地域社会の中で、「好き」「嫌い」「楽しい」「悲しい」などの感情や、一時的・急激に引き起こされる「喜び」「驚き」「怒り」「悲しみ」などの情動を経験し、感じた気持ちを理解したり表現したりします。
　この項には自分や他の人の気持ちの理解や、自己主張・自己調整、他者理解によりコミュニケーションを取ったり、ルールを守ったりするなどの「社会性」を示しています。

(1) 気持ち

　０歳の時期から、喜び、悲しみなどの情動を示したり、他者の表情などから情動に気づいたりすることができます。基本的な情動や感情の理解と共に、出来事と感情との関係を理解して、情動や感情と行動を予測したりすることもできます。さらに、泣き笑いのような複雑な感情についても次第に状況を踏まえて理解することができるようになっていきます。

(2) 興味関心・自己調整

　子どもは、その発達に応じて、様々なものや人、事柄に興味や関心をもちます。
　また、年齢が高くなるにつれて、子どもは自分の情動や意思を通して自己主張するだけではなく、時には周りに合わせて譲ったり我慢したりするなど、行動を調整するようになります。このような自己調整や自己制御は、コミュニケーションを円滑に進めたり、成績等の社会的達成を示したりするなど、将来における適応の高さにつながります。

(3) 社会性・コミュニケーション

　人との関わりが始まると、大人に世話されるだけでなく、意思を持って仲間と同じ行動をしたり、一緒に遊んだりします。そのような場面では、「友達と遊びたい」気持ちと「自分のやりたい」気持ちがあるので、友達と自分の意見が衝突することやトラブルが起こります。みんなで気持ちよく過ごすための決まりに気づき、遊びのルールを守ることを通して社会性が育ちます。また、自分の意見を一方的に主張するのではなく、コミュニケーションをとることを通して新たな遊びのアイデアを思いついたり、よりよい方策を見出したりもします。さらに、公共施設の利用の仕方もわかるようになります。

❻　表現と遊び

　興味や関心をもったものに主体的に関わり、体を動かしたり、歌ったり、物を作ったり、話したりなど自分なりのやり方で表現しようとします。子どもは遊びに主体的に取り組み

ます。大人が子どもの行為や表現したものを認めたり、見守ったり、さらに発展するための素材を用意したり、関わりをもったりすることによって、子どもは自らの表現を広げたり、遊びを発展させたりします。

(1) 表現

子どもは心に思ったことや感じたこと、イメージしたことを、<u>身体や音楽、言葉によって表現</u>します。表現することで自分のイメージしたことが現実に目に見えるようになります。試行錯誤しながら表現することを通して、ものや人に対する理解が深まって本質をとらえ、その子どもにとっての意味を見出してさらに深く追求しようとする意欲につながります。

(2) 遊び

子どもにとって、遊びは必要不可欠なものです。子どもは心と体を動かして取り組むなかで、体験を通して様々なスキルを身につけたり、原理を学んだりします。一人で取り組む、大人と一緒に行う、少人数の友達と一緒に、あるいは集団で行う遊びなどがあります。素材を用いて作る<u>製作遊び</u>、体を動かす<u>運動遊び</u>、しりとりなどの言葉を用いる<u>言葉遊び</u>、<u>ごっこ遊び</u>、<u>ルールのある遊び</u>など多くの種類があります（解説４）。

⑦ 環境構成・大人の関わり

①から⑥の項目は、子ども自身の発達の項目ですが、子どもだけで成り立つものではなく、大人の適切な働きかけや環境を構成することが必要となります。そこでこの項目にてその段階において考えられる主な環境構成と関わりを示しました。

子どもの発達を促すために重視したい事項として、<u>身近にある自然や身の回りの物、おもちゃ、遊具、絵本などの物的環境</u>と、<u>子どもと関わる際に特に大人が考慮する人的環境</u>の両方を挙げています。

実際の子どもの興味・関心や様々な領域の発達状況と照らし合わせながら、環境を構成したり関わったりすることが求められます。

松嵜洋子

発達段階表
ビジュアル目次〜発達段階表の見方

後述の「発達段階表」の見方、項目の説明です。
年齢別の発達の特徴には当然個人差がありますので、あくまでも目安となりますことを
お含みおきいただければと思います。
日頃の子育てや保育の参考としてお役立ていただければ幸いです。

●お子さんの年齢：
「発達段階表」を次の年齢別に
区分けしました。
・6か月未満
・6か月〜1歳3か月未満
・1歳3か月〜2歳未満
・2歳
・3歳
・4歳
・5歳
・6歳

年齢別、カテゴリ別の
発達の特徴をまとめて
います。

①身体	
身体機能（目／耳／歯など）	運動発達（粗大運動／微細運動）
6か月未満 周囲の人や物をじっと見つめる 両眼視で、動くものを目で追う 視力0.02〜0.03（0〜3か月） 声や音がする方に顔を向ける 突然の音に驚く（5か月〜） 声と音を聞き分ける（5か月〜）	首がすわる（3〜4か月） 手足を動かしたり、体全体を動かしたりする ガラガラを握る（3〜4か月） ものに手を伸ばす（5か月）
6か月〜1歳3か月未満 両眼視が定着。物の位置を把握する 視力0.04〜0.08（6か月） 立って遠くを見る。はっきりと焦点を合わせて見る 視力0.1〜0.2（12か月） 声をかけると振り向く（9か月） 音ではなく、母国語として理解し始める（10〜12か月） 乳歯が生え始める（6〜8か月）	寝返り（6〜9か月） 座る（7〜8か月） つかまり立ち（9〜10か月） つたい歩き、ハイハイ 歩行（12か月〜） リズムに合わせて体を動かす 親指を使ってつまむ（9〜10か月） おもちゃを持ちかえる たたく、ひっぱる、紙を破る、握るなど、手や指を使う
1歳3か月〜2歳未満 歯が16本程度生える（18か月〜2歳） 1.2〜3メートル先を見分けられる	かご、箱など大きな物を持って立ち上がる（15か月） しゃがむ（15か月） 階段をはってのぼる（15か月） リズムに合わせ、手、足、体を動かす（18か月） 小走りをする（18〜20か月） ボールを転がす 一段ずつ足をそろえて、階段を登る（20〜22か月） 手づかみ スプーンを使い始める つまんだりめくったりする なぐり描きをする（14〜18か月） 2〜4個の積み木を積む 2〜3個の積み木を横に並べる

●大カテゴリ:
「発達段階表」の「発達の特徴」をカテゴリ分けしました。
ここには「発達の特徴」を表す、大カテゴリを記載しています。
①身体
②生活
③認知
④言葉
⑤社会性・情動
⑥表現と遊び

●ツメ: 発達の特徴が見やすく引きやすくなるよう、年齢別にツメをつけました。

●小カテゴリ:
「発達段階表」の「発達の特徴」をカテゴリ分けしました。
ここには「発達の特徴」を表す、小カテゴリを記載しています。
・身体機能（目／耳／歯など）
・運動発達（粗大運動／微細運動）
・生活習慣（清潔／食事）
・認知
・言葉
・気持ち・興味関心・自己調整
・社会性・コミュニケーション
・表現
・遊び

	②生活	③認知
	生活習慣（清潔／食事）	認知
6か月未満	おむつ交換や衣服の着脱を通じて、清潔になることの心地よさを感じる 手や顔を拭いてもらう※ ※この時期の子どもは着替えや清潔など身の回りのことが自分でまかなえないため、生活に関わる世話を大人が行う。その際、子どもの表情を見ながら声をかけることによって、気持ちよさを共有する 少しずつ睡眠のリズムの感覚ができ、昼と夜の生活の区別がつくようになる 授乳※ ※この時期は、子どもが自分で栄養を摂ることができないため、世話をする大人が母乳、あるいは育児用ミルクにより栄養を与える。授乳を通して親や大人との関わりや絆を深め、子どもは安心して成長・発達が促される	視覚、聴覚、触覚などの五感を使って世界を知る おもちゃを見たり、触ったり、なめたりして確かめる 音のする方に顔を向ける
6か月～1歳3か月未満	昼夜の生活が異なるものとなり、一日の生活リズムができてくる 排尿時に泣くなどの不快を示す。清潔にする心地よさを感じる 離乳初期（5～6か月）唇を使って食べる 離乳中期（7～8か月）舌で押しつぶして食べる 離乳後期（9～11か月）舌の運動が活発になる 完了期（1歳～1歳半）歯を使って食べるようになり、離乳食完了 様々な食品に少しずつ慣れ、食べることを楽しむ スプーンを使って食べさせてもらう※ ※離乳食は母乳や育児用ミルクから普通の食事に移る過程の食事である。この時期は、自分で食事を摂ることができないため、子どもの発達やコンディションを見ながら大人が食べさせる	身近な人の顔がわかる 同じ物と違う物との区別ができるようになる 見えなくなったおもちゃを探す 自分の関心を大人と共有しながら、その物の名前や欲求の意味を徐々に理解する 丸・三角・四角の形や、赤・青・黄の色を区別する（12か月）
1歳3か月～2歳未満	生活のリズムがおおむね確立する 手洗いをしたり、着替え時に自分で服を脱ぐなど、生活習慣が少しずつ身につく 様々な食品や調理形態に慣れる ゆったりとした雰囲気の中で食べる	1つ、2つ……の数がわかる 単純な形や、赤・青・黄以外の色の区別をする 物事や出来事が目の前にないときでも認識できる（象徴機能、イメージする能力） 物の用途の理解ができるようになる（飲む物、はく物など） 目、耳、口などの場所を尋ねると指さす

6か月未満

6か月～1歳3か月未満

1歳3か月～2歳未満

2歳

3歳

4歳

5歳

6歳

33

「発達段階」と「絵本」の考え方

　私は長い間、「月刊保育絵本」という園向け直販ルートの絵本編集に携わってきました。そこでは、0歳児から6歳児まで、発達段階別に「言葉」「数」「食育」「観察」「お話」「環境」「社会生活」「行事」などのコーナー展開の中で、子どもたちの知識、技能、思考力、判断力、表現力を身につける、学びに向かう力・人間性を伸ばす ・・・・・ などという目的を明確化した本づくりを目指してきたのです。

　それでは、読者が「市販本」を選ぶ目安はどうなのでしょう。古今東西、何百、何千という絵本が出版されています。前述したように、これまで数々の自治体、保育施設にて講演を行ってきた中で、園の先生方や保護者の皆様からの最も多い質問が、「何歳児に何を読んだらいいですか」「読まなくてはいけない本を教えてください」・・・・・ というものでした。

　そんな時、私は、まず自分自身が感動した絵本、理解できた絵本でなければ、子どもたちにその意味（意義）や感動を伝えることはできないと思います、とお答えしてきました。

　目の前の子ども（たち）に、胸を張って推薦すべき「この絵本」と言えるものは人によって様々です。出版元（出版社）も一冊一冊、力を尽くして、良いと思われる内容の絵本を出版しております。

　が、本当に優れたものは、何世代にもわたって読み継がれ、版を重ねています。なかには、版元の事情で絶版になり、入手困難なものもありますが、いわゆる「ロングセラー」と言われているものには、大切に読み継がれ、売れ続けてきた理由があるのです。

　古今東西のそんなロングセラー100冊を厳選し、おおよその目安として、年齢別にカテゴライズしてみました。

　以下に、市販絵本を選ぶときの発達段階別選び方・活かし方の目安を記します。

木村美幸

発達段階別 絵本の選び方・活かし方の目安

発達段階を知る

0〜2か月

絵を見せるより声を聞かせる
親子の密な愛着関係ができる "うたえほん" などを！

　生まれてきたばかりの赤ちゃんは、視力が 0.02 〜 0.03 くらいしかありません。焦点が合うのがちょうど、抱っこされている大人の顔との距離なのです。もちろん、生まれて間もない赤ちゃんでも耳は聞こえており、母親の声を聴き分ける能力があると言われていますが、この時期に最も大切なのは、大人との密度の濃いふれあいです。たくさん話しかけてあげてください。

　この時期は、人間としての基礎となる能力や関係性が形成されていく大切な時期です。視覚や聴覚などの発達に伴い、表情が豊かになり、自分の欲求も出現してきます。その欲求に関わる特定の大人との間に生まれる愛着関係のお陰で情緒が安定していくと言われています。

Point!
● 人間や動物の正面を向いた顔が大きく描かれたものが好ましい

絵を見ながら語りかける

3〜6か月

特徴をとらえたはっきりした絵、繰り返しのある擬態語・擬声語に興味をもち始める

　首が座り、腹ばいもできるようになり、声を立てて笑うようになってきます。また、「喃語（赤ちゃん語）」を発し始めます。スキンシップを取りながら絵本を楽しみましょう。赤ちゃんは、まるで大好きなおもちゃを見るように絵本を眺めます。

Point!
- リズミカルな言葉の絵本を！　暖色系で温かみのある絵を選ぶ
- 「読み聞かせ」は共感体験。乳児絵本の読み聞かせをスタートする

世界と関わる行動が始まる

7〜8か月

身近な食べ物、乗り物などを認識し、写実的な絵の絵本を

　座る、はう、立つ、つたい歩きなどが可能になり、腕や指先を意図的に動かしながら周囲の物や人に興味を示す探索活動が活発になってきます。8か月を過ぎると、能動的行動に出、四つん這い、ハイハイもするようになります。「人見知り」も出現。この時期、大人が話しかけることが子どもの成長（特に言葉の獲得）にとって最も大切です。

Point!
- 好きな時にいつでも絵本に触れられるようにする環境設定が大切
- 指を切らない用紙を選ぶ
- シンプルな絵柄の絵本を選ぶ

一人遊びができる　好奇心旺盛になる
日常生活を描いた絵本を

　つかまり立ち、つたい歩きができるようになり、見たものをつかもうとしたり、なめたり、高いところから物を落として喜んだりします。

Point!
- 読み手と聞き手の相互作用の中で読み進められる、読み合いが大切
- 好きな本を自分でさわろうとしたり、ときにはページをめくろうとしたり、好きな場面を何度でも読もうとする赤ちゃんを見守る
- 興味をもつ本を一緒に読み、喜んであげることが大切
- 身近な生活絵本にも興味をもつため、持ちやすく運びやすい絵本を与える

　このころになると、初語（意味のある言葉を発すること）を話すようになります。パパ、ママ、まんま、ぶっぶー等々、一語文を話すようになり、以後急激に話せる言葉が増えていきます。

　積み木などを「どうぞ」「ありがとう、どうぞ」「ありがとう、どうぞ」と、受け取っては渡し ····· を繰り返すことを好みます。

　また、「指さし」が出現し、大人を振り返って何かを言おうとします。「見て見て」「取って」と言うかのように、コミュニケーションの準備段階に入ります。

　こまめに言葉をかけて、やり取りをすることが大切です。言葉が話せない乳幼児も大人の話す言葉を理解し、身振りで要求を伝えようとするようになります。

赤ちゃん絵本の分類

① **図鑑的絵本、絵解き絵本、物の絵本**
　丁寧な絵が描かれ、赤ちゃん自身の生活経験と結びついている明るい絵本が良い

② **伝承遊び、童謡、わらべ歌・手遊びなどの絵本**
　「いないいないばあ」「むすんでひらいて」「ぞうさん」などの『うたえほん』

③ **オノマトペ中心のオリジナル赤ちゃん絵本**
　『もこ　もこもこ』『じゃあじゃあびりびり』『がたんごとんがたんごとん』　などのオノマトペ（擬音語・擬声語・擬態語）中心の絵本

④ **ナンセンスなストーリー絵本**
　独創性にあふれ、楽しく、ユーモアたっぷりの絵本
　ナンセンス絵本の王様といわれる長 新太氏作品など

形・色を識別できる

基本的生活習慣を身につける絵本を
自分の身の回りにある身近な食べ物や生き物などが写実的に描かれている
物を絵本の中に見つけて反応する
本物の写真を見せるのもよい

1歳〜

　押す、つまむ、めくるなど手先の操作が巧みになってきます。

　読み聞かせをしても最後まで聞いていないような場合でも、繰り返し読んであげましょう。だんだん絵本を楽しめるようになってきます。

1歳半〜

　1歳を過ぎると、鏡に映った自分を認識するようになります。二語文「わんわん、きた」「パパ、バイバイ」などと話せるようになります。赤ちゃんの「話したい」という気持ちを大事にし、たくさん話しかけること。「わんわんはどれ？　これね」、と指をさしたり、二冊の絵本を見せて「どちら？」と選ばせる ‥‥‥ などが大切です。

　1歳半を過ぎると、大人のすることに興味をもったり、まねたりするようになります。それらは、見立て遊び、ごっこ遊びにつながっていきます。自分の気持ちや考えを言葉にすることもできるようになってきます。

　また、殴り書き、ボール投げ、箱の中身の出し入れなど、新しい行動を習得していきます。

　さらに、自我の芽生えがあり、自分と他人の区別がつくようになり、それに伴い、自分以外の人との区別がつき、自身を意識するようにもなってきます。やがて、指さしや身振りで物を示し、やり取りもできるようになります。

2歳直前〜

　2歳直前になると、名前を呼ばれて返事をしたり、自分を名前で呼んだりできるようになってきます。

　怖いもの知らずの時期。禁止や規制をするとワーワー泣き、自己主張が強くなります。

簡単なストーリー絵本を認識できる

2〜3歳

物語の筋を追うことができる
科学絵本にも興味がわき、生活絵本・乗り物絵本などあらゆるジャンルの
絵本に興味をもつ

2歳〜

　行動範囲が広がり、歩く、走る、跳ぶなどの基本的な運動機能や指先の機能が発達してきます。

　食事・衣類の着脱などもでき、トイレットトレーニングも始まります。物語の中の登場人物の関係性がわかるようになってきます。また、社会性が発達し、友だちとの関わりの中で遊び始めます。

　また、「これなあに？」「なぜ？」と質問ができるようになってきます。

　第一反抗期（いやいや期）が始まり、ひとりで何でもしたいと思うようになります。一気に語彙も増え、話したい気持ちがあふれてくるので、尊重してあげましょう。

Point!

● 簡単なごっこ遊びを楽しんだり、絵本の中の出来事を自分と重ね合わせることができるようになってくるので認識絵本（物の絵本）、生活絵本（挨拶・生活と結びつく絵本）にたっぷり親しめるようにする

● 物語絵本、特に子どもの日常的な体験を土台として物語が展開する絵本を

● 自然界を描いた科学絵本にも興味をもてるようにする

感情移入ができる

3〜4歳

自分の経験に照らし合わせて読む
絵本の登場人物に自分を重ね合わせて感動したり、想像世界でのいろいろな体験もできるようになる

3歳〜

　約1000語を話せるようになっていきます。運動と言葉の発達がめざましくなります。

　食事・排泄・衣類の着脱がほぼ自立し、「なぜ」「どうして」を盛んに言うようになり、あらゆる事物に知的好奇心・興味関心が高まります。

　集団生活が可能になり、自己主張も激しくなるので、けんか（トラブル）になることも多いのですが、そんな中で、折り合いをつけることを徐々に学んでいきます。物事の善悪、社会のルール、関わりなどを教えていくことが必要です。

　4歳を過ぎると、かなり大人との会話がスムーズに成立していきます。

Point!

- 基本的な文法のルール、助詞や動詞の活用、過去や未来の表現を徐々に教えていく
- ときにはうまくいかない、かわいそうな体験などの状況を知り、共感したり憤ったりする内容の本も与える
- 基本的生活習慣の自立（食事・排泄・衣類の着脱）を促す絵本を与えて、擬似体験も十分させる
- 園行事や子どもたちが楽しみに待つ特別な日を、絵本を参考にして、より一層活動が豊かになる工夫をする
- 素敵な友だちが出てくる絵本をたくさん読む

4～6歳

1冊の本の世界を分かち合える

経験と照らし合わせて語れる
現実と空想の区別がつく、空想の世界で遊べる冒険絵本を

4歳～

　4歳頃から、言葉の力がぐっと育ち、約2000語の語彙を習得します。

　全身のバランスをとる能力が発達し、体の動きが巧みになってきます。

　また、相手の立場に立って物事を考えることができるようになり、思いやりの気持ちが生まれると同時に葛藤も体験し、自分の感情をコントロールする我慢も覚えていきます。仲間とのつながりも強まりますが、一方でけんかやいざこざも増えていきます。

Point!
- 安心したファンタジーの世界に没頭して楽しめる物語を選ぶ
- 命の大切さ ······ 生きものの世話をするなどの体験をしながら、絵本を通して学んでいく

5歳～

　基本的生活習慣はほぼ自立し、運動機能がますます発達してくるので、体全体を使った運動遊びに取り組みます。

　物事の判断もできる基礎が培われてくるので、大人が、悪いということをそのまま伝えるのではなく、なぜ悪いのかをきちんと説明し、理解できるようにするとよいでしょう。

　自分のイメージも明確になってきて自己主張ができるようになり、集団の中で自己統制も覚えます。それにともない、友だちとの関わりも円滑になっていきます。

　遊びも変化し、あらかじめ計画を立てて、集中して粘り強く遊べるようになっていきます。

Point!
- 昔話、民話など豊かな文化に触れる本を選ぶ
- 父母・祖父母・兄弟などの家族や、友だちとの関わりを深く掘り下げた絵本を選ぶ
- 絵本の読み解き ······ 例えば、読書へのアニマシオン（スペインのマリア・モンセラット・サルト氏が読書の楽しさを伝え、読む力を引き出すために開発した読書指導法）の手法を駆使して深い読み解きにチャレンジする。「最も好きな登場人物は誰？」「最も興味をもった場面はどこ？」「物語の続きを考えよう」「ラストシーンを想像して絵を描いてみよう」などの投げかけをしてもよい

6~7歳

絵本から得た知識・感動を内面で受け止められる
豊かな文化に触れる、文字・数を楽しむ
「怒」・「悲」・「哀」（死・障がいなど）の感情も乗り越えられる絵本を

6歳〜

　全身運動がなめらかになり、活発に跳び回るようになってきます。

　自分の欲求やイメージがどんどん膨らんできて、予想や見通しを立てる能力も備わってきます。劣等感や嫉妬の気持ちをもつことも。

　自立心が高まり、創意工夫を重ねて、遊びを自分たちで発展させていくことができます。協働的な遊びも多くなってきます。

> **Point!**
> ● 文字・数を楽しむ絵本を与える
> ●「怒」・「悲」・「哀」などの感情も乗り越えられる絵本、特に「哀しみ」（死・障がいなど）の絵本を意図的に与えることが大切
> 　＊おすすめの哀しみの絵本　例）『やさしいライオン』『だいじょうぶ　だいじょうぶ』
> 　　『幸福の王子』『100万回生きたねこ』『わすれられないおくりもの』
> 　　『スーホの白い馬』『ごんぎつね』『チリンのすず』ほか

7歳〜

　ひらがなが読めるようになります。ただ、文字を読むことと本を読むことは違うので、大人は、きちんとこの時期の子どもたちに寄り添ってあげましょう。

　大好きな絵本に自分を同化させながら、物語の世界を楽しむことができるようになります。

> **Point!**
> ● 自然科学の絵本 ・・・・・・ 子どもの発見や感動を促す絵本を与え、感動体験から興味・関心を広げていく
> ● 昔話絵本にも親しんでみる
> ● 異文化理解 ・・・・・・ 言葉や文化、生活習慣の違い、広い世界の人々のことが描かれた絵本。男女、宗教、障がいの有無などの違いから学び、多様な生き方を伝える

木村美幸

解説❶ 愛着（アタッチメント）

　愛着（アタッチメント）は、第二次世界大戦の戦争孤児や施設児の研究をしていたボウルビィによって提唱されました。危機的な状況に接したり危機を予知して不安や恐れの感情が強く起こったりした時に、特定の個体（多くの場合は養育者）に近づいて接触する、あるいは、接触してもらうことを通して、感情の崩れを回復・維持しようとする傾向です。例えば、赤ちゃんにとって不安なことがあった時に親に抱っこされることで安心感を得ることです。子どもの発達における親子関係の重要性が認識されていましたが、人間以外の種においてもアタッチメントが心身の発達における基盤となることがわかっています。

　この感情の崩れから、特定の個体への接近へ、さらに安心感の獲得の経験というサイクルを繰り返すことによって、特定の個体が「安全基地」となり、不安になった時に逃げ込む確実な避難場所となります。安全基地ができると、そこを起点にして、積極的に外の世界へと出ていって、新しい場所やもの、人に対して探索行動をとるようになり、子どもの自律性の発達を支えることになります。1〜2歳では実際に「安全基地」となる人に接近・接触することが必要ですが、3歳頃になると心の中でイメージするようになり、実際に接近しなくても探索行動ができるようになります。

　この愛着関係は、子ども個人によって異なり、そのタイプを実験的に測定することができます。エインズワースらによって開発された「ストレンジシチュエーション法」は、12〜18か月の子どもを対象として実施されるものです。これは子どもを新しい場面に置き、養育者との分離や再開を経験する8つの場面からなるものです。子どもは恐れや不安といった感情をもった時にとる行動の違いから、4つのタイプに分けられます。これらは、養育者の敏感性の違いによるものであるとされていましたが、現在では子どもの気質と養育者の態度や関わり方の相互作用によって成立するといわれています。

愛着のタイプ	子どもの行動
Aタイプ（回避型）	養育者と別れる時に泣くことがなく、再開した時も養育者を避ける
Bタイプ（安定型）	養育者と別れる時に多少泣くが、再会すると身体接触を求め、すぐに安定して泣き止んで探索行動を行う
Cタイプ（両価型）	養育者と別れる時に強い不安を示し、再会すると身体接触を求めるが、接触しても養育者をたたいて、探索行動をしない
Dタイプ（無秩序型）	抱っこされながら目を背けるなど、近付くと避けるという行動を同時に行い、全体的に何がしたいのかわからない行動をとる

発達段階表

年齢ごとに発達の特徴をまとめた一覧表

おすすめ絵本のタイトル付

- ＊ 6 か月未満
- ＊ 6 か月〜1 歳 3 か月未満
- ＊ 1 歳 3 か月〜2 歳未満
- ＊ 2 歳
- ＊ 3 歳
- ＊ 4 歳
- ＊ 5 歳
- ＊ 6 歳

①身体	
身体機能（目 / 耳 / 歯など）	運動発達（粗大運動 / 微細運動）
6か月未満 周囲の人や物をじっと見つめる 両眼視で、動くものを目で追う 視力0.02〜0.03（0〜3か月） 声や音がする方に顔を向ける 突然の音に驚く（5か月〜） 声と音を聞き分ける（5か月〜）	首がすわる（3〜4か月） 手足を動かしたり、体全体を動かしたりする ガラガラを握る（3〜4か月） ものに手を伸ばす（5か月）
6か月〜1歳3か月未満 両眼視が定着。物の位置を把握する 視力0.04〜0.08（6か月） 立って遠くを見る。はっきりと焦点を合わせて見る 視力0.1〜0.2（12か月） 声をかけると振り向く（9か月） 音ではなく、母国語として理解し始める（10〜12か月） 乳歯が生え始める（6〜8か月）	寝返り（6〜9か月） 座る（7〜8か月） つかまり立ち（9〜10か月） つたい歩き、ハイハイ 歩行（12か月〜） リズムに合わせて体を動かす 親指を使ってつまむ（9〜10か月） おもちゃを持ちかえる たたく、ひっぱる、紙を破く、握るなど、手や指を使う
1歳3か月〜2歳未満 歯が16本程度生える（18か月〜2歳） 1.2〜3メートル先を見分けられる	かご、箱など大きな物を持って立ち上がる（15か月） しゃがむ（15か月） 階段をはってのぼる（15か月） リズムに合わせ、手、足、体を動かす（18か月） 小走りをする（18〜20か月） ボールを転がす 一段ずつ足をそろえて、階段を登る（20〜22か月） 手づかみ スプーンを使い始める つまんだりめくったりする なぐり描きをする（14〜18か月） 2〜4個の積み木を積む 2〜3個の積み木を横に並べる

	②生活	③認知
	生活習慣（清潔／食事）	認知
6か月未満	おむつ交換や衣服の着脱を通じて、清潔になることの心地よさを感じる 手や顔を拭いてもらう※ ※この時期の子どもは着替えや清潔など身の回りのことが自分でまかなえないため、生活に関わる世話を大人が行う。その際、子どもの表情を見ながら声をかけることによって、気持ちよさを共有する 少しずつ睡眠のリズムの感覚ができ、昼と夜の生活の区別がつくようになる 授乳※ ※この時期は、子どもが自分で栄養を摂ることができないため、世話をする大人が母乳、あるいは育児用ミルクにより栄養を与える。授乳を通して親や大人との関わりや絆を深め、子どもは安心して成長・発達が促される	視覚、聴覚、触覚などの五感を使って世界を知る おもちゃを見たり、触ったり、なめたりして確かめる 音のする方に顔を向ける
6か月～1歳3か月未満	昼夜の生活が異なるものとなり、一日の生活リズムができてくる 排尿時に泣くなどの不快を示す。清潔にする心地よさを感じる 離乳初期（5〜6か月）唇を使って食べる 離乳中期（7〜8か月）舌で押しつぶして食べる 離乳後期（9〜11か月）舌の運動が活発になる 完了期（1歳〜1歳半）歯を使って食べるようになり、離乳食完了 様々な食品に少しずつ慣れ、食べることを楽しむ スプーンを使って食べさせてもらう※ ※離乳食は母乳や育児用ミルクから普通の食事に移る過程の食事である。この時期は、自分で食事を摂ることができないため、子どもの発達やコンディションを見ながら大人が食べさせる	身近な人の顔がわかる 同じ物と違う物との区別ができるようになる 見えなくなったおもちゃを探す 自分の関心を大人と共有しながら、その物の名前や欲求の意味を徐々に理解する 丸・三角・四角の形や、赤・青・黄の色を区別する（12か月）
1歳3か月～2歳未満	生活のリズムがおおむね確立する 手洗いをしたり、着替え時に自分で服を脱ぐなど、生活習慣が少しずつ身につく 様々な食品や調理形態に慣れる ゆったりとした雰囲気の中で食べる	1つ、2つ……の数がわかる 単純な形や、赤・青・黄以外の色の区別をする 物事や出来事が目の前にないときでも認識できる（象徴機能、イメージする能力） 物の用途の理解ができるようになる（飲み物、はく物など） 目、耳、口などの場所を尋ねると指さす

④言葉		⑤社会性・情動
言葉		気持ち
6か月未満	あやされると声を出したり、笑ったりする（3〜4か月）	気持ちの良い素材に触れて、心地よさを味わう 大人の歌やきれいな音楽を聞き、心地よさを味わう 表情や体の動き、抑揚のある泣き、喃語などで自分の欲求や感情を表す※ ※子どもは、親しみのある大人からの関わりに声を出して笑う、目の前にある気に入った物がなくなると悲しみの表情を浮かべる、欲求が妨害された時には怒りを表出して泣くなど、状況と結びついて感情や欲求、意思を表すようになる
6か月〜1歳3か月未満	話しかけるような声を出す（6〜7か月） 名前を呼ぶと声のする方を見る（7か月） 「ママ、ママ」「ダダ、ダダ」などを繰り返す（9か月） 「おいで」「バイバイ」などの言葉に対する行動ができる 名前を呼ばれると答えようとしたり、指さしや身振りで伝えようとする（11か月） 初語（しょご）が出現する。一語文（例「マンマ」）（1歳〜） 音をまねてそのまま言う（1歳）	身近な人の顔がわかり、あやしてもらうと喜ぶ。受容的に関わる大人とのやり取りを楽しむ おむつがぬれると不快な動作や表情で表す 自分が行きたい所へ行けると満足した表情をする
1歳3か月〜2歳未満	大人の簡単な指示（言葉）を理解し、行動する※ ※大人の応答的な関わりや話しかけにより、自ら言葉を使おうとする 指さし、身振りで意思表示する 「おいで」「バイバイ」などの言葉に対する行動ができる 遊びの中で、簡単な言葉を繰り返したり、模倣したりする 興味のある絵本に出てくる物の名前を言う 興味のある絵本などを大人と一緒に見ながら話す 二語文を話す（例「マンマ ほしい」「ワンワン きた」） 「きれい」「かわいい」「おいしい」などを言うようになる 文字を記号として認識する	おもちゃの取り合いや相手への拒否反応を示したり、簡単な言葉で不満を言ったりする 自分の気持ちを安心して表す

⑤社会性・情動		
	興味関心・自己調整	社会性・コミュニケーション
6か月未満	人間や動物の正面を向いた顔が大きく描かれたものを好む 初めてのものをよく見る	子守唄を聴いたり、話している方をじっと見たりする
6か月〜1歳3か月未満	好奇心が旺盛になり、自らさわりたい、関わりたいという意欲をもつ 音の出るものや色のはっきりしたものに興味を示す	特定の大人との愛着関係が強まる（人見知り） 親の表情で安全を確認する（9か月） 特定の大人との絆を拠りどころとして、徐々に周囲の大人に働きかけるようになる 簡単なお手伝いをする（ティッシュをゴミ箱に捨てるなど） 仲間の存在に気づいたり意識したりする
1歳3か月〜2歳未満	友だちや周囲の人への興味や関心をもつ 自ら周囲の環境に関わろうとする意欲が高まる 自我の芽生えあり。自分と他人の区別がつく 鏡に写る自分を認識する 名前を呼ばれて返事をしたり、自分を名前で呼んだりできるようになる 身の回りの様々な物を自由にいじって遊び、外界に対する好奇心や関心をもつ	自分の主張が全て通るわけではないことを知る 自分の気持ちを安心して表す 身近な人と応答的なやり取りをする

⑥表現と遊び		
	表現	**遊び**
6か月未満	心地よい感触に笑顔になったり、喃語で応えたりする 心地よい刺激に手足を動かしたり、体をゆすったりする 快・不快を表情や声で表す	いろいろな素材の遊具に触れ、触覚遊びを楽しむ 持ちやすい形や大きさ、きれいな音や色のおもちゃでの遊びを楽しむ
6か月〜1歳3か月未満	音の出る物や、様々な素材のおもちゃに触れる 大人の歌を楽しんで聞いたり、歌やリズムに合わせて手足や体を動かして楽しむ 日常生活を描いた絵本に興味を示す	大人に見守られて、おもちゃや身の回りの物で一人遊びを楽しむ 身の回りの様々な物に触れて遊ぶ 大人のする手遊びをまねる
1歳3か月〜2歳未満	大人の歌を聞き、ところどころ一緒に歌ったり、身振り手振りをしたりする※ ※「おつむてんてん」「バイバイ」「上がり目下がり目」などをまねることができるように大人がやって見せる 生活や遊びの中で大人のすることに興味をもったりまねしたりする 絵本を見て、知っているものを指さす	好きなおもちゃや遊具、自然物に自分から関わって外遊びや一人遊びをする 大人と一緒に、水・砂・土・紙などの様々な素材に触れて楽しむ 生活や遊びの中で大人のすることに興味をもったり、まねしたりする 見立て遊びやごっこ遊びをするようになる 様々な場面や物へのイメージを膨らませ、そのイメージした物を見立てて遊ぶ 日常的に接している子ども同士で同じことをして楽しんだり追いかけっこをしたりする 他の子どもに近づいていってしぐさをまねたり、同じおもちゃを欲しがったりする 興味のある絵本を大人と一緒に見ながら、簡単な言葉の繰り返しをまねしたりする

⑦環境構成・大人の関わり	おすすめ絵本（50音順）
6か月未満 季節の風や光などの自然に触れる機会を作る 身近に聞いたり、見たり、さわったりできるおもちゃを用意する 大人と視線を交わしながら物と関わる やさしく語りかけたり、歌ってあげたり、泣き声や喃語に答えるなど、子どもが示す様々な行動や要求に、大人が適切に応える 大人と基本的信頼感をもつことが情緒的な絆となり、愛着関係へとつながる	『いないいないばあ』松谷みよ子 作 001 『いないいないばああそび』木村裕一 作 『うたえほん』つちだよしはる 絵 002 『かおかおどんなかお』柳原良平 作 003 『くだものさん』tupera tupera 作 『くっついた』三浦太郎 作 004 『ごあいさつ』木村裕一 作 『ごぶごぶごぼごぼ』駒形克己 作 『ころころとんとん』ナムーラミチヨ 作 『しましまぐるぐる』柏原晃夫 作 『じゃあじゃあびりびり』まついのりこ 作 『だっだぁー』ナムーラミチヨ 作 『だるまさんが』かがくいひろし 作 『もいもい』市原淳 作 『もうねんね』松谷みよ子 作　瀬川康男 絵
6か月〜1歳3か月未満 季節の風や動植物、光の自然などに触れさせる 安全で子どもが興味・関心をもつようなおもちゃや物を身近に置いて触れる機会を作る きれいな色彩の絵本や、身近な食べ物、乗り物などの絵本を大人と一緒に見る 簡単なやり取りができるような絵本に関わったり、興味を示す本を読んだりする 安心安全に過ごせるような環境を十分に配慮しながら生活や遊びの充実を図る 「身近な人と気持ちが通じ合う」「身近なものと関わる」ことができるようにする	『あかちゃんのうた』松谷みよ子 作 『あなたはだあれ』松谷みよ子 作 『いいおかお』松谷みよ子 作　瀬川康男 絵 『おさじさん』松谷みよ子 作 『おつきさまこんばんは』林明子 作 『おててがでたよ』松谷みよ子 作 『おふろでちゃぷちゃぷ』松谷みよ子 作 『かくれんぼしましょ』吉田朋子 作 『がたんごとんがたんごとん』安西水丸 作 『きゅっきゅっきゅっ』林明子 作 『くつくつあるけ』林明子 作 『こぐまちゃんおはよう』わかやまけん 作 『ころころころ』元永定正 作 『しーっ』たしろちさと 作・絵 005 『でてこいでてこい』林明子 作 『どうぶつのおやこ』薮内正幸 画 006 『にこにこぱくっ』冬野いちこ 作 『にらめっこ』中村徹 作　せべまさゆき 絵 『のせてのせて』松谷みよ子 作 『のりものなあに』小賀野実 写真　秋野純子 絵 『ばいばい』まついのりこ 作 『ぴょーん』まつおかたつひで 作・絵 007 『ぶーぶーじどうしゃ』山本忠敬 作 『もこ もこもこ』谷川俊太郎 作　元永定正 絵 008 『もしもしおでんわ』松谷みよ子 作
1歳3か月〜2歳未満 室内や戸外で季節の風や動植物、光などに積極的に触れるようにする 日常生活の中で、様々な素材や教材、遊具などを用意して豊かな体験をさせる 身近な食べ物や生き物などの写実的な絵本や本物の写真を見せたりする 子どもの話したいという気持ちを汲み、タイミングを図りながら話しかける けんかなど子ども同士のトラブルに介入する	『いただきまあす』わたなべしげお 作　おおともやすお 絵 『いろいろばあ』新井洋行 作 『おおきなおおきなおいも』市村久子 原案　赤羽末吉 作 『おやすみなさいおつきさま』 　マーガレット・ワイズ・ブラウン 作　クレメント・ハード 絵　せたていじ 訳 009 『きんぎょがにげた』五味太郎 作 010 『くだもの』平山和子 作 011 『これはのみのぴこ』谷川俊太郎 作　和田誠 絵 012 『しろくまちゃんのほっとけーき』わかやまけん もりひさし わだよしおみ 作 013 『ちいさなうさこちゃん』ディック・ブルーナ 文・絵　いしいももこ 訳 014 『とっとことっとこ』まついのりこ 作 『どんないろがすき』100%ORANGE 作 『なになになあに？』木坂涼 作　田代卓 絵 『ねないこ だれだ』せなけいこ 作・絵 015 『ノンタンぶらんこのせて』キヨノサチコ 作・絵 016 『ひとりでできるかな』薫くみこ 作 『やさいさん』tupera tupera 作

①身体	
身体機能（目 / 耳 / 歯など）	**運動発達（粗大運動 / 微細運動）**
2歳 目の筋肉が発達して、遠近の調節をしながら見る 視力0.5〜0.8 最後の乳歯が生え、20本完了する（〜3歳頃）	走る、跳ぶ、登る、押すなど全身を使う大まかな動きをする 両足でジャンプする（両足跳び） ボールを追いかける、下から投げる 物にぶらさがる 三輪車をこぐ 指先の機能が発達して、スプーンやはさみが使える（1回切り1連続切り）
3歳 目を動かす筋肉が発達し、細かく巧みに動かす 3〜5メートル先を見分ける 協応動作の遊びができる※ ※目と手、右手と左手など異なる部位が関連しながら動くようになる	俊敏に動ける。バランスをとり、片足立ちをする 足を交互に出して、階段を登る 鉄棒にぶら下がる 幅跳びができるようになる でんぐり返し、前転ができるようになる 平均台の上を歩く ボールを両手で上から投げる 枠の線をなぞって描く 丸の形（〇）を描く はしを使う

②生活	③認知
生活習慣（清潔／食事）	認知
②歳 身の回りのことを自分でしようとする（パンツ・ズボンをはいたり、上着を着脱するなど） 生活の流れをおおよそ見通して行動する（帽子を取りに行く、靴をはこうとするなど） 大人の適切な援助によって自分の物の置き場所がわかる 排尿を教える（トイレで排泄しようとする）	「2」の数字の概念を理解する 赤・青・黄、3原色などの色の概念を理解する 身体部位がわかる 多少、大小、長短など比較する 絵本のストーリーを理解する 絵本などの話に次があることがわかり、展開を想像する
③歳 生活習慣がほぼ自立する（例：はしを使う、衣類の着脱でボタン・スナップを留める）	身の回りの様々な物の音、色、形、手ざわり、動きなどに気づく 身近な物事に関心をもち、触れたり、集めたり、並べたりする 日常生活の中で、色、数、量、形などに関心をもち、その違いがわかる 暗い明るい、重い軽いなどがわかる 位置を記憶する 時間を表す言葉がわかる（例：「明日」「後で」） 「3」や「5」などの数の概念を理解する 物の定義を言葉で表し、理解する

④言葉		⑤社会性・情動
言葉		**気持ち**
2歳	自分の名前が言える 生活に必要な簡単な言葉を聞き分けたり、様々な出来事に関心を示し、言葉で表そうとする 自分のしたいこと、してほしいことを言葉に出すようになる 「これ何?」「どうぞ」など簡単な言葉で伝える 名前を聞くと姓と名を言う(2歳後半) 絵本や紙芝居を楽しんで見たり聞いたりし、繰り返しのある言葉を模倣したりする イメージを膨らませて、様々な言葉を使う 文字を読む方向を理解する	イメージすることの面白さ、楽しさを味わう 思い通りにならないと泣いたり、かんしゃくを起こしたりする
3歳	三語文が出現する 理解できる語彙数が急激に増加する あいさつや返事など、生活や遊びに必要な言葉を使う 自分の思ったことや感じたことを言葉に表し、大人や友だちと言葉のやり取りを楽しむ なぜ、どうしてなどの質問をしたり、してほしいこと、困ったことを言葉で訴えたりする したこと、見たこと、聞いたこと、味わったこと、感じたこと、考えたことを自分なりに言葉で表現して、大人や友だちと言葉をやり取りする 格助詞(が、を)を使った文を正確に理解する(3歳後半) ごっこ遊びなどで、日常生活の中で使う言葉を楽しんで使う 興味をもった言葉を、面白がって聞いたり言ったりする 数詞を復唱する	話の登場人物に感情移入や共感をする 言葉を交わす心地よさを感じる

⑤社会性・情動	
興味関心・自己調整	社会性・コミュニケーション

	興味関心・自己調整	社会性・コミュニケーション
2歳	探索意欲をもち、自分がしたいことに集中する 「自分で」「いや」と強く自己主張する 自我が目覚め、自分の思い通りにならないこともあることがわかる 大人との関わりにより、自分の気持ちや行動を調整する（自己抑制）	自分の物、人の物を区別し始める 大人との言葉や動きでやり取りする
3歳	「何でも自分でできる」という意識が芽生える※ ※日常生活が大人の援助や支援が必要であった段階から発達して次第に自分でできることが増え、自立心が芽生えて自分で取り組もうとする。しかし最初から最後まで完全にできるわけではないにも関わらず、大人の助けや意見を拒否することもある 知的興味や関心が高まり、「なぜ」「どうして」と言う 「わたし」「ぼく」を使って話す	自分の物と共同の物を区別し始める 友だちと分け合ったり順番に使ったりなど、決まりやルールがあることを知る

⑥表現と遊び		
	表現	**遊び**
2歳	身の回りの素材に興味をもち、感触を味わったり、並べたり積んだり、たたいて音を出したりして楽しむ 大人と一緒に歌ったり、簡単な手遊びをしたり、リズムに合わせて体を動かしたりする いろいろな素材や用具を使って自由に書いたり作ったりする	身の回りの小動物、植物、事物などに触れ、それらに興味、好奇心をもつ 大人と一緒に水・砂・土・紙などの素材に触れて楽しむ 遊具などを実物に見立てたり、「…のつもり」になって遊んだり、ままごとなどのごっこ遊びを楽しんだりする 興味をもって生活絵本・乗り物絵本・科学絵本など様々な種類の絵本を見る 興味をもって紙芝居などを見る
3歳	聞いたり、歌ったり、体を動かしたり、簡単なリズム楽器を鳴らしたりして楽しむ いろいろな素材や用具を使って、好きなように描いたり形を作ったりして遊ぶ 様々な物を使ってごっこ遊びを楽しみ、ままごとなどで役割を演じる 動物や乗り物などの動きをまねして、体で表現する 絵本や童話などに親しみ、興味をもったことを大人と一緒に様々に表現する	様々な遊具や材料に触れ、それを使って遊ぶ 身近な動植物をはじめ、自然現象をよく見たり、触れたりなどして驚き、親しみをもつ 身の回りの大人の行動や日常の経験を取り入れて再現し、イメージを広げながら、ごっこ遊びをする 周囲への関心や注意力、観察力が伸び、気づいたことを言葉で言ったり、遊びに取り入れたりしながら人との関わりを育む 友だちと一緒にいるのが好きだが、一緒にいても別々の遊びをする並行遊びが主流 他の子どもの遊びを模倣したり、遊具を仲立ちとして、子ども同士が関わる あらゆるジャンルの絵本に興味を示す 言葉遊び絵本やキャラクター絵本を好む 物語の簡単なストーリーが理解できるようになり、登場人物や動物と自分を同化して考えたり、想像を膨らませたりする

⑦環境構成・大人の関わり	おすすめ絵本（50音順）	
2歳 季節の風や動植物、光などの様々な自然に触れ、一緒に共感して楽しむ 砂・泥・水遊びが安全に楽しめる環境に配慮する（衛生面、紫外線など） 子どもが取り組んでいる遊びや活動に興味を示し、さらに発展するように声をかけたり関わったりする	『あおくんときいろちゃん』レオ・レオーニ 作 藤田圭雄 訳 017 『あかいふうせん』イエラ・マリ 作 018 『いたずらこねこ』 バーナディン・クック 文　レミイ・シャーリップ 絵 まさきるりこ 訳 019 『いっしょにうんち』ふくだいわお 作 『いってきまあす！』わたなべしげお 作 おおともやすお 絵 『うしろにいるのだあれ』accototo（ふくだとしお＋あきこ）作・絵 020 『うずらちゃんのかくれんぼ』きもとももこ 作 021 『おおきなかぶ』A.トルストイ 再話 佐藤忠良 画　内田莉莎子 訳 022 **『おでかけのまえに』**筒井頼子 作　林明子 絵 **『おやおやおやさい』**石津ちひろ 作　山村浩二 絵 『ガンピーさんのふなあそび』 ジョン・バーニンガム 作　光吉夏弥 訳 023 **『くだものだもの』**石津ちひろ 作　山村浩二 絵 『ぐりとぐら』なかがわりえこ 作　おおむらゆりこ 絵 024	『コッコさんのおみせ』片山健 作・絵 なかのまさたか レタリング 025 **『ごろごろにゃーん』**長新太 作 **『サンドイッチサンドイッチ』**小西英子 作 **『しきぶとんさんかけぶとんさんまくらさん』**髙野文子 作 『ぞうくんのさんぽ』なかのひろたか 作・絵 なかのまさたか レタリング 026 **『たまごのあかちゃん』**かんざわとしこ 文 やぎゅうげんいちろう 絵 027 **『だれのかさかな？』**東君平 作 **『でんしゃにのって』**とよたかずひこ 作 **『ノンタンのえほん』**キヨノサチコ 作 **『はやおきおばけ』**くろだかおる 作　せなけいこ 絵 **『ペネロペできるかなえほん』**アン・グットマン 作 ゲオルグ・ハレンスレーベン 絵　ひがしかずこ 訳 『ぼくのくれよん』長新太 作・絵 028 **『めの まど あけろ』**谷川俊太郎 文　長新太 絵 029 『もりのなか』マリー・ホール・エッツ 文・絵 まさきるりこ 訳 030 『やさいのおなか』きうちかつ 作・絵 031
3歳 身近な自然に興味関心をもつことができるように、動植物などに子どもが関わりやすいように準備する 好きな遊びを選ぶことができるように様々な素材や遊具、道具などを用意し、使えるようにする 園の行事に参加できるような機会を作る 「おやくそく」など子どもにわかりやすい言葉を用いてルールを示す	『あかり』林木林 文　岡田千晶 絵 032 **『あなたのことがだいすき』**えがしらみちこ 作 西原理恵子 原案 『あんぱんまん』やなせたかし 作・絵 033 『いつだってともだち』モニカ・バイツェ 文 エリック・バトゥー 絵　那須田淳 訳 034 『おおきくなるっていうことは』 中川ひろたか 文　村上康成 絵 035 『おばけのバーバパパ』アネット・チゾン タラス・テイラー 作　山下明生 訳 037 『かばくん』岸田衿子 作　中谷千代子 絵 037 『くれよんのくろくん』なかやみわ 作 『げんきなマドレーヌ』ルドウィッヒ・ベーメルマンス 作・画　瀬田貞二 訳 038 **『ことばあそびうた』**谷川俊太郎 作　瀬川康男 絵 **『ことばあそびえほん　しりとりあいうえお』** 石津ちひろ 作　はたこうしろう 絵 **『さる・るるる』**五味太郎 作 **『3びきのくま』**L・N・トルストイ 作 バスネツォフ 絵　小笠原豊樹 訳 『三びきのやぎのがらがらどん』 マーシャ・ブラウン 絵　せたていじ 訳 ノルウェー昔話 039 **『しっぽしっぽしっぽっぽ』**木曽秀夫 作 『すてきな三にんぐみ』トミー・アンゲラー 作 いまえよしとも 訳 040 『せんたくかあちゃん』さとうわきこ 作・絵 041 『そらまめくんのベッド』なかやみわ 作 『だるまちゃんとてんぐちゃん』 加古里子 作・絵 042 『ちいさなねこ』石井桃子 作　横内襄 絵 043 **『ちからたろう』**いまえよしとも 文　たしませいぞう 絵 **『つきのぼうや』**イブ・スパング・オルセン 作 やまのうちきよこ 訳 **『つんつんつん』**あさだ・とま 作　いとうみき 絵 『ティッチ』パット・ハッチンス 作・絵　石井桃子 訳	『てぶくろ』エウゲーニー・M・ラチョフ 絵 うちだりさこ 訳　ウクライナ民話 044 **『どうぞのいす』**香山美子 作　柿本幸造 絵 045 **『どうぶつしんちょうそくてい』**聞かせ屋。けいたろう 文　高畠純 絵 **『ともだちや』**内田麟太郎 作　降矢なな 絵 046 『どろんこハリー』 ジーン・ジオン 文　マーガレット・ブロイ・グレアム 絵　わたなべしげお 訳 047 **『泣いた赤おに』**浜田廣介 作　梶山俊夫 絵 **『ねこざかな』**わたなべゆういち 作・絵 048 **『ねずみくんのチョッキ』**なかえよしを 作 上野紀子 絵 049 **『はけたよはけたよ』**かんざわとしこ 文 にしまきかやこ 絵 050 **『はじめてのおつかい』**筒井頼子 作 林明子 絵 051 **『はなを くんくん』**ルース・クラウス 文 マーク・シーモント 絵　きじまはじめ 訳 052 **『パムとケロのにちようび』**島田ゆか 作 **『パンどろぼう』**柴田ケイコ 作 『ピーターのいす』エズラ・ジャック・キーツ 作・絵 木島始 訳 053 **『ぶたのたね』**佐々木マキ 作 **『ほげちゃん』**やぎたみこ 作 **『まほうのカメラ』**木曽秀夫 作 **『みんなともだち』**中川ひろたか 作　村上康成 絵 **『めっきらもっきらどおんどん』**長谷川摂子 作 降矢奈々 絵 **『やっぱりおおかみ』**佐々木マキ 作・絵 054 **『よるくま』**酒井駒子 作 『ラチとらいおん』マレーク・ベロニカ 文・絵 とくながやすもと 訳 055 **『わたしと あそんで』**マリー・ホール・エッツ 文・絵 よだじゅんいち 訳 056 『わたしのワンピース』にしまきかやこ 文・絵 057

解説❷ 手指の発達

　生まれた直後の赤ちゃんの動きは反射と呼ばれる不随意運動であり自分の思ったように頭や手足を動かすことができません。

　手は「把握反射」と呼ばれる触れたものを握る動きをしますが、その後、少しずつ自分の意志で手を動かすことができるようになります。6か月頃になると、ぎこちないながらも親指以外の指と手のひらの間にものを入れてつかむことができるようになり、小さなものは4本の指をそろえてかきよせる「熊手つかみ」をします。

　8か月頃になると、親指を人差し指の方に動かすことができるようになります。さらに、10か月頃には1本ずつの指をバラバラに動かすことができるようになり、親指と人差し指を向かい合わせることができるようになります。小さなものを親指と人差し指ではさんでつまみます。12か月頃には次第に自在に指を動かすことができるようになり、親指と人差し指でつまんだ時も、他の指が広がらないようになってきます。この頃は、スプーンを手のひらと指全体でグーの形で持つようになります。

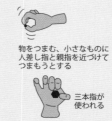

物をつまむ、小さなものに
人差し指と親指を近づけて
つまもうとする

三本指が
使われる

12か月頃の手の動き

　また、12か月頃には、おもちゃの車などを指でつかんで自分の思い通りに左右に動かして走らせることができるようになり、18か月頃には積み木の上に積み木を置くという積む一連の動きができるようになります。これは、動きの方向を調整することと、「つかむ」「放す」という手の力を入れたり抜いたりする加減をコントロールすることができるようになった証拠です。

　2～3歳になると、さらに手先を器用に動かすことができるようになります。親指と人差し指を伸ばして持つようになり、それぞれの指が異なった役割をするようになります。まだまだ食べこぼしは多いですが、腕を動かしながら食べる様子がみられます。

　3歳を過ぎると、親指・人差し指・中指を中心として持つ「3指握り」になります。しかし、3本の指は伸びたままで指先の動きはまだ見られず、腕を動かして操作します。4歳頃になると、手首やひじを動かすのではなく、指先を動かして操作することができ、スプーンやフォークを使って食べることができるようになります。この頃になると少しずつ箸を持つことができるようになります。

　手指や腕を用いて操作する動きは、見ながら行動を調整するという協応動作であり日々経験を積み重ねながら、動きが滑らかになってスムーズな動きを獲得します。大人は子どもの発達状況を把握して、子どもの能力や経験を踏まえた形や硬さ、操作しやすいものを準備して、子ども自身が主体的に取り組むことができるように考慮します。

①身体		②生活
身体機能（目／耳／歯など）	運動発達（粗大運動／微細運動）	生活習慣（清潔／食事）
視線は水平にまっすぐ遠くに向けられる 視力0.9〜1.0 5〜6メートル先を見分けられる	運動量の大きい動きをする（例：スキップ、走る、ジャンプする、よじ登る） 全身のバランスが良くなり、体全体を使った動きをする（例：でんぐり返り、鉄棒の前回り） 片手でボールをつく 大型積み木を積む 手と指と腕が一体となって手のひら全体で鉛筆を覆ってつかむ 細かい動きはまだうまくできない なぐり書きをする 手先を器用に使う（例：ひも通し、はさみで切る） 目、鼻、口など顔のパーツを描く	基本的生活習慣（排泄、着脱、食事など）が確立する 茶碗を持ち、はしを使って食べる※ ※自分で食べる意欲が育ち、手指を器用に動かしてフォークやスプーンを用いて口へスムーズに運ぶことができるようになる。利き手ではしを使い、反対の手で茶碗や皿を持って食べる

4歳

6か月未満

6か月〜1歳3か月未満

1歳3か月〜2歳未満

2歳

3歳

4歳

5歳

6歳

③認知	④言葉
認知	言葉
様々な物の音、色、形、手触り、動きなどに気づき、驚いたり感動したりする	日常生活の場面に応じてあいさつをする
積み木、組み合わせキューブ、ジョイントブロック、砂、水などに触れる経験を通して、大きさ、形、長さ、量を理解するようになる	大人や友だちの言葉や話に興味や関心をもち、親しみをもって聞いたり話したりする中で様々な言い回しをする
	話しかけや問いかけに返事をする
具体的な物を通して数や量などに関心をもち、数えたり比べたりする	したいこと、してほしいことを言葉で表現したり、わからないことを尋ねたりする
実物を目で見て比較することで、大小、高低、長短などの違いを理解する	身の回りの出来事に関する話に興味をもち、おしゃべりをする
日にちを表す言葉がわかる（例：「昨日」「今日」「明日」など）	ウンチ、おしっこなどの言葉や禁句をよく使う
	想像力が広がり、現実の世界と絵本の世界を結び付ける
順番がわかる	
	自分の名前が読める
生き物や全ての物に心があると考える	自分の名前に含まれる文字を探す

4歳

	⑤社会性・情動		
	気持ち	興味関心・自己調整	社会性・コミュニケーション
4歳	陽気で人なつっこく、仲間と一緒に話すことを好む※ ※この時期になると、言葉でのやり取りにより、意思や感情を伝えたり理解したりすることができるようになる。仲間との関わりがスムーズになって楽しくなり、一緒に遊んだり活動したりすることを好むようになる お化けの存在を信じたり、悪夢を見たりする。暗闇などを恐れる（4歳後半） 自分の思うようにいかない、不安、つらさ、葛藤を経験する 怖がりだったり、心配性だったりする	興味関心をもって取り組むが、急に別のことに移ったりする。注意の持続時間は短い 体験を通して学ぶ 自分の興味関心に基づいて意思決定をする（全てを大人に依存しているわけではないが、決断は大人の導きを必要とする） 見る・見られるなど、見られる存在としての自分に気づく	自分の物、人の物、共同の物の区別を理解し、大切にしようとする 友だちと楽しく生活する中で、決まりの大切さに気づき守ろうとする意識が芽生える 仲間とのつながりが深まり、協力したり、競争したりする 身近にある公共施設に親しみ、関わることを喜ぶ 行事に楽しんで参加する

⑥表現と遊び

表現	遊び
感じたこと、思ったことや想像したことなどを様々な素材や用具を使って自由に描いたり作ったりする	身近な物や遊具に興味をもって関わり、考えたり、試したりして工夫して遊ぶ（例：泥だんごづくり・花摘み・どんぐり拾い・虫捕り）
作ったものを用いて遊んだり、大人や友だちと一緒に身の回りを美しく飾ったりする	身近な動植物の世話を楽しんで行い、愛情をもつ
	身近な大人の仕事や生活に興味をもち、大人の仕事をやりたがる
友だちと一緒に音楽を聴いたり、歌ったり、体を動かしたり、楽器を鳴らしたりする	身近な生活経験をごっこ遊びに取り入れ、大人のまねをするのを好む（例：おしゃれ、化粧のまねごと）
ひらがなや文字のようなものを書く	子ども同士で共通したイメージをもって遊ぶ
	かくれんぼを楽しむ
	読み聞かせを好む。特に主題が繰り返されたり、喜怒哀楽のはっきりした絵本、ユーモア絵本に興味をもつ
	短いフレーズが繰り返される絵本や文字のない絵本は、これからの「読み」を構築していくうえでの足がかりとなる
	科学絵本や図鑑や「なぜ」「どうして」に答える絵本を見る

4歳

⑦環境構成・大人の関わり	おすすめ絵本（50音順）
子どもの発達状況や興味関心を把握し、さらに発達するような素材や教材、遊具を提供する 登り棒など全身を使う遊具を用意する 絵の具などの教材を用いた描画や、フィンガーペインティングなどの機会を設定する 絵の具や磁石や滑車、パズル、スコップ、じょうご、計量カップなど、操作できるものを用意する 出席人数、みんなに配る牛乳、長靴やコートなど、身近な物の数を数える機会を作る 遊びや活動の場で、様々なやり方や関わりを示したり、片づけをするなどモデルとなる行動を見せる 大人と一緒に絵本の交互読みをする（例：子どもが1ページ、次のページを大人が読むなど）	『蒼い時』エドワード・ゴーリー 作　柴田元幸 訳 『いたずらきかんしゃちゅうちゅう』バージニア・リー・バートン 文・絵　むらおかはなこ 訳 058 『いっすんぼうし』松谷みよ子 作　太田 大八 絵 『うまれてきてくれてありがとう』にしもとよう 文　黒井健 絵 059 『うろんな客』エドワード・ゴーリー 作　柴田元幸 訳 『おおかみと七ひきのこやぎ』グリム童話　フェリクス・ホフマン 絵　せたていじ 訳 060 『おしゃべりなたまごやき』寺村輝夫 作　長新太 絵 061 『おふろだいすき』松岡享子 作　林明子 絵 062 『おやすみなさいフランシス』 ラッセル・ホーバン 作　ガース・ウィリアムズ 絵　松岡享子 訳 『かいじゅうたちのいるところ』モーリス・センダック 作　じんぐうてるお 訳 063 『かさじぞう』せたていじ 再話　赤羽末吉 絵 『かちかちやま』赤羽末吉 絵　小澤俊夫 再話 『きみなんかだいきらいさ』 ジャニス・メイ・ユードリー 作　モーリス・センダック 絵　こだまともこ 訳 『きもち』谷川俊太郎 作　長新太 絵 『ギャシュリークラムのちびっ子たち』エドワード・ゴーリー 作　柴田元幸 訳 『キャベツくん』長新太 作 『999ひきのきょうだい』木村研 作　村上康成 絵 『きょうはみんなでクマがりだ』 マイケル・ローゼン 再話　ヘレン・オクセンバリー 絵　山口文生 訳 『きりのなかのはりねずみ』 ノルシュテイン・コズロフ 作　ヤルブーソヴァ 絵　こじまひろこ 訳 『ぐるんぱのようちえん』西内ミナミ 作　堀内誠一 絵 064 『こすずめのぼうけん』ルース・エインズワース 作　石井桃子 訳　堀内誠一 画 065 『ゴムあたまポンたろう』長新太 作 『こんとあき』林明子 作 066 『さつまのおいも』中川ひろたか 作　村上康成 絵 『三びきのこぶた』イギリス昔話　山田三郎 絵　瀬田貞二 訳 『じごくのそうべえ』田島征彦 作 『しずくのぼうけん』マリア・テルリコフスカ 作　ボフダン・ブテンコ 絵　うちだりさこ 訳 067 『11ぴきのねこ』馬場のぼる 作 『14ひきのあさごはん』いわむらかずお 作 『14ひきのひっこし』いわむらかずお 作 『しょうぼうじどうしゃじぷた』渡辺茂男 作　山本忠敬 絵 068 『しろいうさぎとくろいうさぎ』ガース・ウィリアムズ 文・絵　まつおかきょうこ 訳 069 『ちいさいおうち』バージニア・リー・バートン 文・絵　石井桃子 訳 070 『はらぺこあおむし』エリック・カール 作　もりひさし訳 071 『100万回生きたねこ』佐野洋子 作・絵 072 『へんてこライオンがいっぱい』長新太 作 『まっくろ』高崎卓馬 作　黒井健 絵 『みんなうんち』五味太郎 作 073 『もしもせかいがたべものでできていたら』カール・ワーナー 写真 文　今井悟朗 訳 『やさしいライオン』やなせたかし 作・絵 074 『ヤンときいろいブルンル』やすいすえこ 作　黒井健 絵 075 『よあけ』ユリ・シュルヴィッツ 作　瀬田貞二 訳 『よかったねネッドくん』レミー・シャーリップ 作　八木田宣子 訳 『わすれられないおくりもの』スーザン・バーレイ 作・絵　小川仁央 訳 076 『わたし』谷川俊太郎 文　長新太 絵 077

解説❸ 幼児期に身につけたい動きの種類

　歩行が確立して次第に自分の思った通りに体を動かすことができるようになる幼児期から小学校低学年までは、柔軟性、敏捷性、巧緻性、平衡性といった調整力を獲得する時期です。

　この時期には、トレーニングをして筋肉を鍛えたり、スポーツのように特定の運動をして決まった部位を動かしたりするよりも、様々な動きを経験することのできる体を動かす遊び（運動遊び）が適しています。

　幼児期に経験したい動きは「基本動作」と言われており、次の3種類の動きに分けられます。

　一つ目は、「立つ」「座る」「転がる」などの「体のバランスをとる動き」です。「寝転ぶ」「回る」「ぶら下がる」のように、バランスを取って特定の体の姿勢を保持する動きです。

　二つ目は、「歩く」「走る」「跳ぶ」などの「体を移動する動き」です。「上る」「降りる」「よける」「滑る」のように、体を移動する動作です。動きの方向は、上下動作（のぼる・あがるなど）、水平動作（はう・およぐなど）、回転（回避）動作（かわす・かくれるなど）があります。

　三つ目は、「持つ」「投げる」「蹴る」など、「ものを操作する動き」です。これは他の種類の動作とは異なり、手や足を用いて、ものを操作します。ものと体の関係は、動きによって異なり、体全体を用いた動作や、特定の部位のみを動かす動作があります。この動作は、「かつぐ」「ささえる」など力を入れてものを持つ「荷重動作」、「おろす」「うかべる」などの「脱荷重動作」、「つかむ」「うけとめる」などの「捕捉動作」、「たたく」「ける」などの「攻撃的動作」があります。操作動作にはこれら多くの操作する動きがあります。

　「早寝早起き朝ごはんガイド（幼児用）」には、基本動作の中で幼児期に経験しておきたい36種の動きを挙げています（巻末P.98〜99「幼児期に身につけたい『動き36』」参照）。これらの動きは、繰り返し経験することによって身につきます。様々な種類の運動遊びに取り組むことによって、幼児は「もっとやってみたい」「また遊びたい」など体を動かすことが好きになります。

　幼児が無理なく経験できるように、例えば一週間や一か月の単位で遊びの計画を立てることもできます。子どもの特徴や体力に合った遊びや手伝いなどを工夫して、楽しみながら体を動かす機会を作ります。

①身体		②生活
身体機能（目／耳／歯など）	運動発達（粗大運動／微細運動）	生活習慣（清潔／食事）
広範囲にあるものを意識することができるが、視線は近くにあるものに向けられやすい 上下の奥歯が生えてくる（〜7歳頃）	片足立ちで姿勢を保つ ボールを片手で上から投げる 動作や姿勢をコントロールすることができ、体全体を大きく使う動きが巧みになる（例：縄跳び） 活発で、じっとしていられない 手先が器用になる（ひも結び、雑巾がけなど） 鉛筆を3本の指で持つが、力を入れて握りすぎる 文字を書くが、罫線からはみ出し、間隔を空けて書くことは難しい 人物を描く	一人で、手洗い、食事、排泄、衣服の着脱ができ、ほぼ自立する 生活の中で物を集めたり、分けたり、整理したりする 身近な物を大切に扱い、自分の物を管理する

5歳

③認知	④言葉
認知	言葉
生活に必要な簡単な文字や記号などに関心をもつ	自分の考えを伝える力、相手の話を聞く力が身についてくる
	相手に応じて日常のあいさつをする
時間を認識する	曜日を全て言える
前後、左右、遠近などの反対の概念がわかる	考えたこと、経験したことや身近な物、事象について話す
日常生活の中で簡単な数を数えたり、比べたり、順番を言ったりする	言われた言葉を文字どおりに理解する。細かく分けて、最後にされた質問に、最初に答える
じゃんけんの勝ち負けを理解する	話しかけや問いかけに対し、答える。質問に答えられるからと言って、その内容を理解しているとは限らない
言われた言葉を文字どおりに理解する	
視覚や他の感覚が優先して物事を理解する	考えごとを声に出す。他の子たちが考えているであろうことを声に出し、実際に行動する前に口に出す（例：「トラック動かすよ〜」）
	時々「いい」と言ったり、「ダメ」と言ったりするなど言葉でごまかすことがある
	身近な単語を読む
	言葉の面白さや美しさに興味をもち、童話や詩などを聞いたり、話したりする

5歳

⑤社会性・情動

気持ち	興味関心・自己調整	社会性・コミュニケーション
生活の中で、様々な音、色、形、手ざわり、動き、味、香りなどに気づいたり感じたりする	自主性、自立性を獲得して、目的ある行動をとる	規則や日課を好み、決まりを守ることの大切さを実感する
相手の心や立場を気遣う感受性、思いやりの心が育つ	自分の気持ちをうまく表現したり、相手の気持ちを理解しようとしたりする	簡単な決まりを自分たちで作り出すことができる
納得できないことに反発する	課題に集中する。持続して取り組む	他人との会話、コミュニケーションが深まる。人のために行動する、役に立つことの嬉しさや誇らしさを感じる
失敗をしてはいけないと恐れる	新しい活動をすぐに試そうとする	
不平を言ったりかんしゃくを起こしたりする	身近にいる大人が仕事をしている姿を見て、自らも進んで手伝いをしようとする。協力的で「よい子」でいたい	仲間の大切さを感じるとともに、仲間の中のひとりであることを意識する
駄々をこねることがある	仲間意識をもつ。自分たちだけで物事を解決しようとする。自分たちでトラブル解決もできる	相手を許したり認めたりするような社会性の基礎が身につく。コミュニケーションの中で、くやしさや嬉しさなど、お互いの気持ちをぶつけ合う
	「仲間の中の自分」としての自覚が芽生え、他人を認めるようになる。友だちへの親しみ、信頼感が湧く	くやしい思いを経験しつつ（葛藤）、相手を許したりできる
	自分とは別の視点で物事を見るのは難しいことを自覚している	大人に対して反抗的な行動をとることもある一方、先生や親から指示をもらいたがる
	失敗をしてはいけないという恐れから、新しいことに挑戦した時にいつまでも同じことをやり続ける場合がある	身近な公共施設や交通機関などに興味や関心をもつ
	ミスをたくさんするが、誤りに気づくこともある	行事に喜んで参加する
		近隣の生活に興味や関心をもち、人々が様々な営みをしていることに気づく

6か月未満

1歳3か月～ 6か月～1歳3か月未満

2歳3か月～ 1歳3か月～2歳未満

2歳

3歳

4歳

5歳

6歳

5歳

⑥表現と遊び

表現	遊び
音楽に親しみ、みんなと一緒に聴いたり、歌ったり、踊ったり、楽器を弾いたりして、音色の美しさやリズムを楽しむ	なぞなぞをする
	生活のなかで様々なものに触れ、その大きさ、美しさ、不思議さに気づき、その性質や仕組みに興味や関心をもって遊ぶ
鏡文字で文字や数字を書くことがある	身近な動植物に関心をもち、いたわり、世話をする
	具体物を操る探求によって学ぶ（例：積み木、粘土、絵の具、工芸品、砂遊び、水遊びなど）
自分の抱くイメージを言葉で表現したり、演じることを通して考えを表現したりする	身近な生活に使う簡単なものや様々な遊びに使うものを身近な素材や用具を利用して工夫して作る
自分の想像したものを体の動きや言葉などで表現したり、興味をもった話や出来事を演じたりして楽しむ	決まりや役割のある構造化された集団ゲームをする（例：イス取りゲーム、鬼ごっこなど）
	友だちと一緒に描いたり作ったりすることや、作ったもので身の回りを美しく飾ることを楽しむ
	絵本や童話などに親しみ、その面白さを理解し、想像して楽しむ
	感情を刺激する魅力的でより複雑な物語絵本を好む
	昔話・民話や空想の世界などの冒険絵本を見る

5歳

⑦環境構成・大人の関わり	おすすめ絵本（50音順）
室内や屋外で積極的に運動したり、継続して体を動かす機会を作る 物語、詩、歌、ゲームなどに繰り返し取り組む機会を作る ごっこ遊びのためのコーナーや場を作る 表現するためにたくさんの手段を用いることができるよう多様な素材や材料、道具を準備する（積み木、絵の具など） 名札、標識、ポスターなど、身近な文字を読んでみるように促す 一貫した決まりやルールを作る 考えたり工夫したりするように、子どもなりのやり方を試すための十分な時間を与えたり、質問したり、ヒントを出したりする 鏡文字を書いても、無理に訂正や修正をしない	『**あっちゃんあがつく たべものあいうえお**』みねよう 原案 さいとうしのぶ 作 『**うらしまたろう**』松谷みよ子 作　いわさきちひろ 絵 『**エルマーのぼうけん**』 ルース・スタイル・ガネット 作　ルース・クリスマン・ガネット 絵　渡辺茂男 訳 『**王さまと九人のきょうだい**』中国民話 君島久子 訳　赤羽末吉 絵 『**おしいれのぼうけん**』ふるたたるひ　たばたせいいち 作　078 『**おじさんのかさ**』佐野洋子 作 『**おひさまわらった**』きくちちき 作 『**かにむかし**』木下順二 文　清水崑 絵 『**かもさんおとおり**』ロバート・マックロスキー 作　渡辺茂男 訳 『**かようびのよる**』デヴィッド・ウィズナー 作・絵　当麻ゆか 訳 『**からすのパンやさん**』かこさとし 作・絵　079 『**希望の牧場**』森絵都　吉田尚令 絵 『**きょうはなんのひ?**』瀬田貞二 作　林明子 絵 『**さくらのさくひ**』矢崎節夫　福原ゆきお 絵　080 『**さっちゃんのまほうのて**』たばたせいいち 作　先天性四肢障害児父母の会 のべあきこ、しざわさよこ＝共同制作　081 『**スイミー ちいさな かしこい さかなの はなし**』レオ・レオニ 作 谷川俊太郎 訳　082 『**ずーっと ずっとだいすきだよ**』ハンス・ウィルヘルム 文・絵 久山太市 訳　083 『**ぜったいたべないからね**』ローレン・チャイルド 作　木坂涼 訳 『**だいくとおにろく**』松居直 再話　赤羽末吉 絵 『**たいせつなこと**』 マーガレット・ワイズ・ブラウン 作　レナード・ワイスガード 絵 うちだややこ 訳　084 『**だってだってのおばあさん**』佐野洋子 作・絵　085 『**たまごにいちゃん**』あきやまただし 作 『**ちがうねん**』ジョン・クラッセン 作　長谷川義史 訳 『**つんつくせんせい**』たかどのほうこ 作 『**どこいったん**』ジョン・クラッセン 作　長谷川義史 訳 『**ないしょのおともだち**』ビバリー・ドノフリオ 作 バーバラ・マクリントック 絵　福本友美子 訳 『**の**』junaida 作 『**はがぬけたらどうするの?**』 セルビー・ビーラー 作　ブライアン・カラス 絵　こだまともこ 訳 『**バスが来ましたよ**』由美村嬉々 作　松本春野　絵 『**100かいだてのいえ**』いわいとしお 作 『**ピッツァぼうや**』ウィリアム・スタイグ 作・絵　木坂涼 訳 『**ひげなしねこ**』季巳明代 作　竹内通雅 絵 『**ふたごのき**』谷川俊太郎 作　姉崎一馬 絵 『**へいわとせんそう**』谷川俊太郎 文　Noritake 絵 『**みつけてん**』ジョン・クラッセン 作　長谷川義史 訳 『**みみずん**』かべやふよう 作 『**もっかい!**』エミリー・グラヴェット 作　福本友美子 訳 『**ももたろう**』松井直 文　赤羽末吉 絵 『**よろしくともだち**』内田麟太郎 作　降矢なな 絵

解説❹ 遊びの種類

　乳児から幼児へと成長・発達するにつれて、ものや人との関わり方は変化します。子どもは遊びが大好きですが、子どもの経験や発達の姿によって遊びの内容や目的、方法も変わります。

　遊びには、様々な要素があります。その元となる理論は様々で、発達上の分類や動機づけに基づく分類、活動形態による分類などがありますが、ここでは代表的な分類と遊びの種類を紹介します。

　ビューラーは、心理的機能の側面から①感覚遊び、②運動遊び、③模倣遊び、④構成遊び、⑤受容遊びの5つに分類し、カイヨウは、遊びの原理から①競技遊び、②偶然遊び、③模倣遊び、④眩暈遊びの4つに分類しました。

　ピアジェは認知発達の観点から、①機能遊び、②想像遊び、③ルールのある遊びの3つを提唱しました。「機能遊び」は玩具などのものと関わる遊びです。「想像遊び」は、実際には行っていないがやっているふりをして楽しむ「ふり遊び」や、さらに「○○ごっこ」と名付けられる「ごっこ遊び」が含まれます。「ごっこ遊び」は、ものや役割、ストーリーや状況設定などの計画（プラン）があり、そこでは複数人が関係してイメージを共有することが必要となります。「ルールのある遊び」とは、「だるまさん転んだ」や「しっぽ取り」、ドッジボールなど複数人、あるいは小集団で特定のルールに基づく遊びです。ルールを守ることや、時には実態に合わせて自分たちでルールを変更したり、新たなルールを作ったりします。

　パーテンは、社会行動的な側面から①何もしない行動、②一人遊び、③傍観遊び、④並行遊び、⑤連合遊び、⑥協同遊びに分類しています。発達するにつれて「一人遊び」から「傍観遊び」へ、さらに仲間との関わりによって「並行遊び」「連合遊び」「協同遊び」へと移行すると述べています。しかし、一つの形態が完全に消失して次の形態へと移行するわけではありません。実際には「一人遊び」は年齢が高くなってもみられます。そのため現在では、いくつかの遊びの種類が同時に出現すると考えられています。

ビューラーの分類 （心理的機能側面）	カイヨウの分類 （遊びの原理）	ピアジェの分類 （認知発達の観点）	パーテンの分類 （社会行動的側面）
感覚遊び （機能遊び）	競技遊び	機能遊び	専念しない行動（何もせずにぶらぶらしている）
運動遊び （走る／投げる）	偶然遊び	想像遊び	一人遊び
模倣遊び （想像／ごっこ遊び）	模倣遊び	ルール遊び	傍観遊び（他の遊びを見ているだけ）
構成遊び （想像遊び）	眩暈遊び		並行遊び（他の子どものそばで同じような遊びをするが、互いに関わり合わない）
受容遊び （動植物・絵本）			連合遊び（他の子どもと玩具のやりとりをして遊ぶ） 協同遊び（共通の目標に向けて役割をもって遊ぶ）

　これらは、ある特定の見方から分類したものなので遊びの実態とは異なることもあります。

①身体		②生活
身体機能（目／耳／歯など）	運動発達（粗大運動／微細運動）	生活習慣（清潔／食事）
ほぼ大人と同じように見える 目で文字を追う 永久歯と生え変わり始める	全身を動かす動作や細かい動きがスムーズになる（例：縄跳び、跳び箱、竹馬） 屋外に出ることや体操を楽しむ	日常生活に必要な用具・器具などに関心をもち、安全に扱う 身近にある物を整理整頓する 大人の仕事の意味を理解し、工夫して手伝いをするようになる 急いでやろうとして雑になることがある

6か月未満

6か月～1歳3か月未満

1歳3か月～2歳未満

2歳

3歳

4歳

5歳

6歳

6歳

③認知	④言葉
認知	言葉
日常生活の中で簡単な数を数えたり、順番を理解したりする	月日を正しく言える
左右を区別する	話し相手や場面により、使う言葉や話し方が違うことに気づき、適切に言葉を使う（例：日常のあいさつ、伝言、質問、応答、報告）
身の回りのものに、形や位置などがあることに関心をもつ	人の話を注意して聞き、相手にわかるように話す
身近にある物事の働きや仕組み、性質に興味や関心をもち、考えたり、工夫したりして使おうとする	みんなで共通の話題について話し合う
	なんでも質問する
生活や遊びの中で、文字や数、図形などの記号、標識、時間などに興味関心をもち、使おうとする	物事を説明するのを好む。みんなの前で物を見せながら、それについて話す
身近な自然や自然現象に対する認識が高まる	不平不満をもらしたり勢いで発言したり、乱暴な言葉遣いをしたりする
現在との関係を示されることによって、過去を理解し始める	ほとんどのひらがなが読める
技能や技術に、関心をもち始める	童話や詩などの言葉の面白さ、美しさに気づき、生活の中で言葉を使う
豊かな文化に触れる※	ナンセンス・言葉遊び・詩など様々な形式の言葉に触れる
※文化には、生活習慣や価値観、言語、節句などの行事や祭事などが含まれる。国や民族などの大きい単位から、地域や園、集団のように小さい単位まで文化のあり方や関わり方は時代によって変化するが、伝統として大事にされるものがある。ダイバーシティやインクルーシブを考慮して多様な文化に触れることが望まれる	日常生活の中で文字などで伝える楽しさを味わう

6歳

気持ち	興味関心・自己調整	社会性・コミュニケーション
身近にある美しい物を見て、身の回りを美しくしようとする気持ちをもつ	創意工夫する主体性、自主的な姿勢(自発性)が育つ	自己の役割分担や集団の決まりを守る大切さを認識する
季節により、自然や人間の生活に変化のあることに気づき、理解しようとする	身近な動植物に親しみをもち、育てたり、関わるなどして生命の尊さに気づく	集団遊びの楽しさがわかり、決まりを作ったり、それを守って遊んだりする大切さを理解する
自信をもつ	自然現象の変化、大きさ、美しさ、不思議さなどに関心を深める	社会生活を営むうえで大切な自主性と協調性の姿勢をもつ
時には大人に甘えることもある	自分を取り巻く世界への探求心が育つ	負けを認めなかったり、時にはごまかしたりすることがある
いろいろな自分の感情を自覚し、向き合う(例：悲しい・辛い・「死」)	新たな世界、さらに高度なものを求め、新しい環境へと意欲的に挑戦する	身近な公共施設や交通機関などの役割に興味や関心をもつ
	自分を見つめ、他人のことも意識する。他人の意見に耳を傾け、自分が譲歩する協調性も育つ	施設や園で、みんなが使う公共物を大切にする
	発見から最もよく学び、熱中しやすい	近隣の生活に興味や関心をもち、行事に喜んで参加したり、役割を果たしたりする
	競争を好む	祝祭日に関心をもつ
	小さい子の世話をする	

6歳

⑥表現と遊び	
表現	**遊び**
感じたこと、想像したこと、考えたことなどを音や動きで表現したり、自由に描いたり、作ったりする	早口言葉を楽しむ
様々な音、形、色、手ざわり、動きなどに気づき、感動したこと、発見したことなどを創造的に表現する	自然や身近な事物・事象に関心をもち、それらを取り入れて遊ぶ
	行事などでの経験を生活に取り入れて遊ぶ
身近な生活に使う簡単なものや、遊びに使うものを工夫して作って楽しむ	製作においては仕上げることよりも、作る過程を楽しむ
様々な素材や用具を適切に使い、経験したり、想像したことを創造的に描いたり感じたりして楽しむ	友だちと協力し合って、協同しながら遊びを持続、発展させて、一緒に描いたり、作ったりする様々な出来事の中で、感動したことを伝え合う
ダイナミックな表現、細やかな制作など、工夫して表現する	細かい描写なども取り入れ、発展させたごっこ遊びをする
	役割分担のある集団遊びに取り組み、協力して遊ぶ
イメージする力、イメージしたものを形にしていく力が向上する	絵本や童話などに親しみ、興味をもって聞き、想像する楽しさを味わう
自分の気持ちを文で表そうとする	知識絵本に興味をもつ

6歳

⑦環境構成・大人の関わり	おすすめ絵本（50音順）
みんなで取り組み、やり取りできる遊びの素材と場を整える 遊びや活動したことを言葉などで表現し伝え、共有する場や機会を設定する 様々な種類の遊びや活動が蓄積されて発展するように、考えたり工夫したり試したりすることができるような環境を作り、状況に応じて再構成する 遊びや活動の中で、自分たちで解決することができるように促したり、見守ったりする 哀しみをテーマにした絵本を提供することにより、日常ではできない経験や様々な感情を一緒に味わう	『あいさつって たのしい』石津ちひろ 文　松田奈那子 絵 『あめがふるときちょうちょうはどこへ』 メイ・ゲアリック 作　レナード・ワイスガード 絵　岡部うたこ 訳 『アンジュール』ガブリエル・バンサン 作・絵　086 『生きる』谷川俊太郎 詩　岡本よしろう 絵　087 『うんたろさん　うんちどろぼうのひみつ』山脇恭 作　はたこうしろう 絵 『おおきな木』シェル・シルヴァスタイン 作・絵　村上春樹 訳　088 『おこだでませんように』くすのきしげのり 作　石井聖岳 絵 『かぐやひめ』舟崎克彦 作　金斗鉉 絵 『かわいそうなぞう』土屋由岐雄 作　武部本一郎 絵 『けんかのきもち』柴田愛子 作　伊藤秀男 絵 『ことばのこばこ』和田誠 作 『ごんぎつね』新美南吉 作　黒井健 絵　089 『ジュマンジ』クリス・ヴァン・オールズバーグ 作　辺見まさなお 訳 『スーホの白い馬』大塚勇三 再話　赤羽末吉 画　モンゴル民話　090 『すきがいっぱい』マーガレット・ワイズ・ブラウン 作　ガース・ウィリアムズ 絵 木坂涼 訳 『ぞうのババール こどものころのおはなし』 ジャン・ド・ブリュノフ 作　やがわすみこ 訳　091 『だいじょうぶだいじょうぶ』いとうひろし 作・絵　092 『旅の絵本』安野光雅 作　093 『タンゲくん』片山健 作 『てん』ピーター・レイノルズ 作・絵　谷川俊太郎 訳 『としょかんライオン』 ミシェル・ヌードセン 作　ケビン・ホークス 絵　福本友美子 訳　094 『とべ バッタ』田島征三 作・絵 『ともだち』ジョン・バーニンガム 作　谷川俊太郎 訳 『なずず このっぺ?』カーソン・エリス 作　アーサー・ビナード 訳 『なぞなぞのみせ』石津ちひろ 作　なかざわくみこ 絵 『なまえのないねこ』竹下文子 文　町田尚子 絵 『にじいろのペンダント』陳天璽・由美村嬉々 作　なかいかおり 絵 『ひとまねこざる』H・A・レイ 作　光吉夏弥 訳 『ふたりはともだち』アーノルド・ローベル 作　三木卓 訳　095 『フレデリック ちょっと かわった のねずみの はなし』 レオ・レオニ 作　谷川俊太郎 訳　096 『まいにちがプレゼント』いもとようこ 作・絵　097 『まばたき』穂村弘 作　酒井駒子 絵 『まゆとおにーやまんばのむすめまゆのおはなし』富安陽子 作　降矢なな 絵 『まよなかのだいどころ』モーリス・センダック 作　じんぐうてるお 訳　098 『もじゃもじゃペーター』ハインリッヒ・ホフマン 作　佐々木田鶴子 訳 『モチモチの木』斎藤隆介 作　滝平二郎 絵　099 『ランドセルがやってきた』中川ひろたか 作　村上康成 絵 『りんごかもしれない』ヨシタケシンスケ 作　100 『わにさんどきっ　はいしゃさんどきっ』五味太郎 作

6歳

解説❺ リスクとハザード

　幼稚園教育要領等の領域「健康」では、遊びを通して安全についての構えを身につけることや、見通しをもって行動することの重要性が示されています。安全確保と同時に、挑戦や冒険の機会を保障することが子どもの発達や能力の向上のためには必要なことです。

　「都市公園における遊具の安全確保に関する指針（改訂第２版）」では、「子どもは、遊びを通して冒険や挑戦をし、心身の能力を高めていくものであり、それは遊びの価値のひとつであるが、冒険や挑戦には危険性も内在している」とされています。さらに、「子どもの遊びにおける安全確保に当たっては、子どもの遊びに内在する危険性が遊びの価値のひとつでもあることから、事故の回避能力を育む危険性あるいは子どもが判断可能な危険性であるリスクと、事故につながる危険性あるいは子どもが判断不可能な危険性であるハザードとに区分するものとする。」とあり、大人は子どもの遊びにまつわる危険性を「リスク」と「ハザード」に分けて考える必要があります。

> リスク：遊びの楽しみの要素で冒険や挑戦の対象となり、子どもの発達にとって必要な危険性は遊びの価値のひとつである。子どもは小さなリスクへの対応を学ぶことで経験的に危険を予測し、事故を回避できるようになる。また、子どもが危険を予測し、どのように対処すれば良いか判断可能な危険性もリスクであり、子どもが危険をわかっていて行うことは、リスクへの挑戦である。
>
> ハザード：遊びがもっている冒険や挑戦といった遊びの価値とは関係のないところで事故を発生させるおそれのある危険性である。また、子どもが予測できず、どのように対処すれば良いか判断不可能な危険性もハザードであり、子どもが危険をわからずに行うことは、リスクへの挑戦とはならない。
>
> （「都市公園における遊具の安全確保に関する指針（改訂第２版）」、2014）

　安全を確保するために遊具の腐蝕等を点検してハザードを除去することは当然必要なことです。しかし個々の危険が子どもにとってリスクであるのかハザードなのかは、子どもの年齢や能力、それまでの経験によっても異なります。幼い子どもに対しては大人が使い方やルールや規則などの遊び方を提案し示すことが必要ですが、年齢が高くなるにつれて、徐々に子ども自身が「危ない」と実感し認識するようになります。さらにその危険に対処するために必要な構えや危険性を見通したり、回避したりする能力を育むことができるような環境を設定し、機会を作り、援助することが求められます。

　Ａ幼稚園は、園庭に多くの木があり、子どもたちは毎日木登りをして遊びます。木登りには、「腕より細い枝にはぶら下がらない、足より細い枝には登らない。」というルールがあります。５歳児クラスの子どもたちは、手足と枝を見比べながら、ぶら下がったり足をかけたりしています。もちろん大人がそばで見守っていますが、子ども自身で枝が折れるかどうかを確認し判断し安全に遊ぶことは自分事として危険性をとらえる経験となります。大人が室内外のリスクとハザードを見分け、適切な環境を整えて指導することによって、子どもは安全に対する認識を高めつつ、挑戦する意欲や冒険する積極的な姿勢をもつことができます。

発達段階別おすすめ絵本

(年齢別 50 音順)

001 ～ 100

＊ 0~1 歳

＊ 1~2 歳

＊ 2~3 歳

＊ 3~4 歳

＊ 4~5 歳

＊ 5~6 歳

＊ 6~7 歳

『これだけは読んでおきたい すてきな絵本100』ISBN978-4-907537-37-1（木村美幸著）風鳴舎刊より抜粋

001

0〜1歳

『いないいないばあ』

松谷みよ子 文
瀬川康男 絵
童心社　1967年

　いないいないばあ遊びは、どこの家庭でも、赤ちゃんと
大人の間で最も早く行われるであろう手遊びのひとつで、
親子のスキンシップにはもってこいです。
　絵本になった「いないいないばあ」は、本書のほかにも
ありますが、この絵本の構成は、大変すぐれていて、顔を
隠している動物がそうっと次のページをめくって、「ばあ」
と顔を出すまでの時間をたっぷり楽しめるところが素晴ら
しい。親子で絵本を見、ドキドキしながら一緒に体験でき
るところに魅力があります。「松谷みよ子　あかちゃんの
本」シリーズの中でも筆頭の人気。発売から50年以上経
ちますが、700万部を超える大ロングセラー、日本で最も
売れている、赤ちゃん絵本の王様と言えます。

002

0〜1歳

『うたえほん』

つちだよしはる 絵
グランまま社　1988年

　「ぞうさん」「どんぐりころころ」「いぬのおまわりさん」
「しゃぼんだま」「むすんでひらいて」…等々、昔から歌い
継がれてきた懐かしい童謡や子守唄を全部で26曲集めた
歌絵本。つちだよしはるさんのキュートな絵が優しい気持
ちにさせてくれます。
　私の母は、私が小さい頃、気に入った童謡の歌詞とメロ
ディーから想像した情景を絵に描き、オリジナル歌絵本を
私のために作ってくれました。今ではそれは亡き母の大切
な形見、私の宝物になっています。母のよく歌ってくれた
童謡は、「七つの子」「ゆりかごのうた」「月の砂漠」でした。
目を閉じて耳を澄ますと聞こえてくるようです。自分が小
さかったときに親や先生に歌ってもらったことや、友だち
と一緒に歌ったことを思い出しながら、歌ってみるとよい
でしょう。

003

0〜1歳

『かお かお
どんなかお』

柳原良平 作
こぐま社　1988年

　しばらく前に、「へんがお」という言葉がはやりましたが、子
どもたちに「変な顔(へんがお)してごらん」と言うと、実に様々
な表情をしてくれて、必ずと言っていいほど、そのあと自分で
おかしくなって笑ってくれます。自分がどんな顔をしているの
か想像して笑ってしまうのでしょう。そして、「先生もへんがお
して!」と返してきます。勿論、全身全霊で応えてあげますが…。
　この『かお かお どんなかお』には、まいりました。大
胆にデフォルメされた百面相がずらーり並んでいますが、
実に想像力をかき立てられる構成になっています。子ども
たちは大喜びです。
　さて、生まれたばかりの赤ちゃんの視力は、0.01〜0.03
くらい、かろうじて焦点が合うのは抱っこしている大人の
顔。赤ちゃんの目を見て優しく語りかけてあげることで信
頼関係が生まれますよ。

004

0〜1歳

『くっついた』

三浦太郎 作
こぐま社　2005年

　絵も言葉もとてもシンプルな『くっついた』、大人と赤
ちゃんのスキンシップにぴったりの絵本です。タイトルの
通り、「○○○さんと　○○○さんが」「くっついた」のく
りかえしの手法が楽しく、ページをめくると、いろいろな
動物たちが仲良くくっついています。次は何と何がくっつ
くのかな？ と想像をしながら楽しめて、とても幸せな気持
ちになります。
　作者の三浦太郎さん、ボローニャ国際絵本原画展で、何
度も入選し、イタリアやスペインなど、海外でも何冊か絵
本を出版されています。鳥や車、赤ちゃんの周りのいろ
いろなものがずらーり並んだ『なーらんだ』や、自分のもの
を選ぶ楽しさにあふれた『わたしの』などの続編も出てい
ます。赤ちゃん絵本の定番といえる絵本です。

005

0〜1歳

『しーっ』

たしろちさと 作・絵
フレーベル館　2012年

　赤ちゃんが最初に覚えるしぐさのなかでも、特に可愛らしいのが、両手を挙げて「はーい」と応答したり、両手を振って「バイバイ」したり、顔に手（人差し指）を持っていって、「しーっ」と静かにする動作をしたり…、まさにあどけないしぐさに大人の顔はほころんでしまいます。本書は、動物たちが各場面で「しーっ」と言い合う姿がとてもミステリアスな展開になっていて、ラストシーンで、なぜみんな静かにしてほしかったのかがわかった時の、子どもたちの表情が印象的でした。

　なお、『しーっ』のフランス語版『CHUUUT』が、マリ・クレール・グループの子育てや育児に関する雑誌の文学賞の０〜２歳児対象「ムスティック賞」に選ばれたというニュースを耳にしました。フランスの赤ちゃんにもファンがいっぱいいるようですね。

006

0〜1歳

『どうぶつの おやこ』

薮内正幸　画
福音館書店　1966年

　まず、表紙のリアルなネコの親子の情景にジーンときました。親ネコが少し高いところを凛とした表情で見上げていて、その足元で子ネコが２匹じゃれ合っています。いたずらっぽくしっぽを見つめる子ネコたちのしぐさの可愛いこと…。さすが動物画家として、数々の図鑑や絵本を描かれている実力者。薮内さんの動物への温かなまなざしが感じられます。

　薮内正幸ワールドにはまったら、ほかにも類書がたくさん出ているので、興味のある絵本を図鑑感覚で観てみると良いでしょう。1歳から2歳にかけて大きく成長する子どもたち、例えば、『どうぶつのこどもたち』（福音館書店1989年）には、動物が夢中になって遊ぶ様子が描かれていて、生態をもっと詳しく知りたいという子どもたちへの道しるべになると思います。

007

0〜1歳

『ぴょーん』

まつおかたつひで 作・絵
ポプラ社　2000年

　作者の松岡達英さんの図鑑には、子どもが小さい頃、随分お世話になりました。動植物を知るための『自然図鑑』や野外生活を楽しむ『冒険図鑑』『遊び図鑑』（以上、福音館書店）など、何度も開いては興味深く読んでいた記憶があります。松岡さんは、世界各地に出かけて、多くの取材に基づく科学絵本を発表している自然科学・生物のイラストレーターです。

　「はじめてのぼうけん」シリーズとして、『ぴょーん』と同年に出版された『あしあと』『あな』（ポプラ社　2000年）にも注目。「だれのあしあと？」とたどっていくと答え○○が、「だれのあな？」といって巣穴をのぞくと、答え△△が分かるシンプルな仕掛けが秀逸です。『ぴょーん』は、縦開きで進むリズミカルな展開が楽しめます。作者の描く動物たちのフォルムは、さすが松岡さんだけあって、大変正確に表現されています。

008

0〜1歳

『もこ もこもこ』

谷川俊太郎 作
元永定正 絵
文研出版　1977年

　あまりにも有名な『もこ もこもこ』には、子どもたちが好きな言葉と絵が詰まっています。「しーん」「もこ」「もこもこ」「にょき」…、次々現れるオノマトペ（擬態語など）を子どもたちは理屈抜きに面白がり、絵を見ただけでいいリアクションをしてくれます。

　この絵本は、著者の二人が若い頃、ニューヨークの同じマンションの上下階に住んでいた時、意気投合してできたのだそうです。言葉は、スキンシップ。日本を代表する谷川さんと、あるイベントでコラボレーションさせていただき、彼の子どもたちに向けての詩作では、自分の中にある子ども心に忠実にクリエイトされていることをお聞きしました。谷川さんは、90歳になられてもなお、現役の「言葉の達人」です。

0歳〜1歳
1歳〜2歳
2歳〜3歳
3歳〜4歳
4歳〜5歳
5歳〜6歳
6歳〜7歳

009

1〜2歳

『おやすみなさい
おつきさま』

マーガレット・ワイズ・ブラウン 作
クレメント・ハード 絵
せたていじ 訳
評論社　1979 年

　この絵本には、最初に子ウサギがベッドに入って、眠り
につくラストのページまで、実に 70 分の時間が流れてい
ます。画面にかすかに見える置時計の針をご覧ください。
その 70 分間を「おやすみ○○」「おやすみ○○」と丁寧に
一つ一つ語り掛けていく間に、お部屋もだんだん暗くなっ
てゆき、子守歌を聞くようにゆったりとした気分になって
いきます。
　第 44 代米国大統領のオバマ氏が "人生最初の一冊" とし、
また雅子皇后が "思い出の宝物" とされている絵本でもあ
ります。
　アメリカで 1000 万部を超えて読みつがれている名作。
ベッドタイム絵本に最適な一冊です。

010

1〜2歳

『きんぎょがにげた』

五味太郎 作
福音館書店　1982 年

　日本を代表する絵本作家・五味太郎さん。実に 400 冊
を超える作品のなかでも一、二位を争うロングセラーの作
品、『きんぎょがにげた』（300 万部超え）は子どもたちが
大好きな絵探し絵本です。
　五味さんのインタビュー記事を読んだとき、「これだ！」
と思ったのが、以下の言葉でした。
　絵本で何かを伝えるというより、心底「面白い」から絵
本を描いている。親は、子どもを「育てよう」「導こう」
と気負わないで、育とうとしている子どもをサポートすれ
ばいい。単純に子どもを愛せばいい…と。このあたりの五
味さんの価値観が作風に如実に表れていて、彼の作品は殆
どの作品が理屈抜きに面白く、楽しいのです。

011

1〜2歳

『くだもの』

平山和子 作
福音館書店　1979 年

　『くだもの』は、本物そっくりに描かれていて、とても
おいしそうです。まさにスーパーリアルイラストですね。
まず、くだものが丸ごと登場し、そして、次ページに、「さ
あ　どうぞ」とすぐに食べられるように切って差し出す人
の手のイラストが出てきます。もも、ぶどう、なし、りん
ご…等々、みんなの大好きなくだものが登場し、子どもた
ちは大喜びで食べるまねをします。くだものの名前を覚え
て、「さあ、どうぞ」「ありがとう」という言葉のやりとり
をし、本格的な見立て遊びやままごとにつながっていきま
す。
　この絵本のいいところは、最後に出てくる「バナナ」の
ページ。大人がむいてあげるのではなく、自分でバナナの
皮をむくことができた女の子が登場！ 大人が「じょうずに
むけたね」と称賛の言葉をかけているところが素敵です。

012

1〜2歳

『これはのみのぴこ』

谷川俊太郎 作
和田誠 絵
サンリード　1989 年

　20 数年前から、園向け、保護者向けの絵本講習会を全
国各地でやり始めましたが、その中で取り上げた何百冊と
いう絵本のうち 10 本の指に入る人気絵本の一冊です。
　ラストのページを一気読みすると、若い頃は息継ぎなし
で読めたのに、最近は息継ぎをしても苦しくて…。子ども
たちはそれを嬉しそうに茶化してきます。まさに魔法のよ
うな「言葉遊び絵本」です。
　言葉（詩）の天才、谷川俊太郎さんと抜群のセンスをも
つユニークな画家、和田誠さんのゴールデンコンビ、面白
くないわけがない…ですね。

013

1～2歳

『しろくまちゃんの
　ほっとけーき』

わかやまけん　もりひさし
わだよしおみ 作
こぐま社　1972年

　おやつの時間が子どもたちは大好き。特にホットケーキは常に、子どもたちの好きなおやつランキングの上位です。『しろくまちゃんのほっとけーき』の凄いところは、材料や道具をそろえて、ホットケーキを作る手順が12段階に分けて、きっちり表現されているところ。ぽたあん…で始まるオノマトペ（擬態語など）を暗唱するくらい、子どもたちは夢中になっています。

　もうひとつ凄いのは、友だちのこぐまちゃんとのやり取り。失敗しながらもお母さんと一緒に作ったことを話し、食べ終わった後は、二人できちんと後片づけ。生活に大切なひとコマです。そろそろ自我が芽生え、自分で何でもやってみたいお年頃の子どもたち、しろくまちゃんのように失敗しながらも成長していく様子を見守ってください。

014

1～2歳

『ちいさな
　うさこちゃん』

ディック・ブルーナ 文・絵
いしいももこ 訳
福音館書店　1964年

　ミッフィーといえば、ディック・ブルーナ氏の生んだ最高傑作、世界中で愛されている最強のキャラクターだと思います。

　数年前に、オランダ・ユトレヒトにあるミッフィーのミュージアム…ディック・ブルーナハウスを訪れました。ウサギ好きのブルーナ氏の幼少期の写真や、世界40言語を超える言葉に翻訳された絵本やミッフィーのキャラクターグッズが並ぶスタイリッシュなミュージアムでした。

　オランダでは、「ミッフィー」ではなく、「ナインチェ」（ウサギの意味）と呼ばれていて、1960年にイギリスで英語版が発売された時に「ミッフィー」と名づけられたようです。

015

1～2歳

『ねないこ だれだ』

せなけいこ 作・絵
福音館書店　1969年

　私の尊敬する童画家・武井武雄先生に師事し、独特の素朴な貼り絵で表現した絵本は、作者せなけいこさんの個性がさく裂しています。作家デビュー50周年を迎えられる大ベテランの絵本作家さんです。

　1969年「いやだいやだの絵本」シリーズを皮切りに次々とヒットを飛ばし、特に、『ねないこ　だれだ』を初めとしたおばけの絵本は、子どもたちの間で絶大な人気を博しています。みんなどこかで目にしていますね。

　絵本はハッピーエンドばかりではなく、こわいものやつらいもの、バッドエンドもあるけれど、子どもたちはそうした経験を積んで、感情豊かな子どもに一歩一歩成長していくのです。

016

1～2歳

『ノンタン
　ぶらんこのせて』

キヨノサチコ 作・絵
偕成社　1976年

　子どもたちに大人気の絵本「ノンタン」シリーズは、2021年現在で、累計発行部数3420万部を超える大ロングセラー。本書『ノンタン　ぶらんこのせて』からスタートしました。元気なネコの男の子のノンタン。

　最初、作者は子ぎつねを主人公に考えていたようです。いたずら大好き、やんちゃなノンタン、でも本当は優しくて友だち思い。このあたりのキャラクター設定がとても上手です。

　ノンタンも、絵本として登場してからめでたく45周年。ノンタンのスペシャルサイトもあって、ディープなファンはそちらをどうぞ。

グループワークで楽しむ絵本

絵本を通して、子どもたちは多種多様な経験ができます。それらは、ひいては後のちの人間形成に役立っていきます。その方法のいくつかを示してみましょう。

絵本をより深く読み解くためには、

1. 絵本の絵の細かい部分までじっくり観察してみましょう　→　色の変化・形の変化を楽しむ
2. ページをめくって何かを発見してみましょう　→　時間の経過を感じ取る
3. 画面に隠れている小さな秘密を発見してみましょう　→　細部の魅力をつかむ
4. ファンタジー作品などに触れて、異次元の世界に迷い込んでみましょう　→　疑似体験でスリルを味わう
5. 面白い言葉やリズムを大いに楽しみましょう　→　テキストの魅力に浸る
6. 絵本に隠されている様々なメッセージを探ってみましょう　→　暮らしが見える　いのちが見える　自然が見える　成長が見える···など

絵本作りに挑戦 !! ···

オリジナル絵本をつくるには、「何からできているのかな？」、「次はどうなるのかな？」など、物の見方は 1 つではないことを実感し、想像の翼をはばたかせることが大切です。テーマを決め、材料をそろえる、プロットを作成し、画材・技法を選び、様々な工程を経て、でき上がっていきます。

ヒント

1. 身近な人物（わが子）を主人公にしよう
2. 日常生活をテーマにしよう
3. キャラクター性を出す　　例）○○○や　　　○○○ぼう
4. 起承転結を考える　　　　例）ラストにオチをつける
5. 絵は、大きく黒く太くはっきりと描こう
6. 貼り絵、切り絵など、毛糸や布、糸など素材感を出してみる
7. 子どもの落書きをヒントに。好きな絵やストーリーをまねてもよい
＊　手作り絵本の作り方のコツ ······ 最も大切なのは「想像力」

017

2〜3歳

『あおくんと
きいろちゃん』

レオ・レオーニ 作
藤田圭雄 訳
至光社　1967年

　教科書に出てくる『スイミー』『フレデリック』で有名なレオ・レオーニ氏の名作絵本。すでに古典となりつつある本書は、レオーニ氏の孫、ピポとアンにせがまれて作った絵本だと言われています。作者レオ・レオーニ氏は長年アメリカで活躍した芸術家の一人で、その多彩な創造力は絵画、グラフィック・アート、デザインの各分野で発揮されています。

　青と黄色が出合って緑になる…単純な〇（まる）が生き生きと動き回って物語が展開されていきます。どのページを開いても、シンプルで無駄がなく、飛んだりはねたり、丸くなったりする「色のまる」だけで構成されており、素晴らしいデザインでまとめ上げられています。目も鼻も口も手足もないのに、孤独感や困惑や喜び…などを表し、読者を夢中にさせる圧倒的な表現力に脱帽です。

018

2〜3歳

『あかいふうせん』

イエラ・マリ 作
ほるぷ出版　1976年

　緑地に大きな真っ赤なふうせん、忘れられないインパクトです。表紙の7割は真っ赤ですからとても目立ちます。赤い丸はページをめくるごとにどんどん形を変えていきます。見事な変身ぶりです。ネームレス（文字がない）絵本ですが、それゆえに、たくさんの想像をして子どもたちは驚きの言葉を発してくれます。

　児童文学者の渡辺茂男さんは、「字のない絵本は、まず絵になる考えと着想がなければ生まれない。つぎにその着想の展開、つまり構成が大切。形と色と表情で…(中略)流れとリズムをもって、クライマックスに読者を導いていかねばならない。イエラ・マリ氏の『あかいふうせん』は、何回見ても、息をのむほど新鮮で、ため息のでるほど、あかぬけした、心のはずむ傑作」(絵本ナビ　ほるぷ出版内容紹介記事)だと絶賛されています。まさに言い得て妙だと思い、掲載いたしました。

019

2〜3歳

『いたずら
こねこ』

バーナディン・クック 文
レミイ・シャーリップ 絵
まさきるりこ 訳
福音館書店　1964年

　ねこの絵本は優れたものがたくさんあって、どれを紹介するか迷いました。グレース・スカール氏『ねこが いっぱい』や、竹下文子さんの『なまえのないねこ』にも注目！！ ですが、初めてねこを観察して、2〜3歳児あたりの子どもが夢中になれる絵本は、『いたずらこねこ』だと思いました。

　本書は、小動物に興味をもち始めた子どもたちにも大人気！ カメのことを知らない子ねこのびくっとする反応に、あるある…と納得。画面の左端にはカメがいる池、右端には、子ねこが隠れる垣根があって、見開きの画面中央で両者は出合います。カメと子ねこのハラハラドキドキの展開が横開きの絵本の画面割りを効果的に使っていて思わず上手い！ とうなりました。

020

2〜3歳

『うしろにいるの
だあれ』

accototo（ふくだとしお＋あきこ）作・絵
幻冬舎　2008年

　「みんなちかくにいたんだね」というジーンとくるメッセージがわかりやすい生き物の絵を通して伝わってきます。表紙に描かれた動物は、半身だけ表れていて、何とも愛らしい表情をして、我々読者に語りかけてきます。親子で楽しめる実にシンプルで魅力的な絵本です。表紙をめくると、視線は「うえ」「した」「まえ」「うしろ」へと移動させられて、想像力をかきたてられる構成になっています。

　私の友人のお孫さんは、何度も本書を見て動物の名前を覚えたのだ、と聞きました。本書を初めとしてシリーズ化されていますが、実にスタイリッシュな絵本だと思います。

　愛子さまのお気に入りの一冊として脚光を浴びた絵本でもあります。

0歳〜1歳

1歳〜2歳

2歳〜3歳

3歳〜4歳

4歳〜5歳

5歳〜6歳

6歳〜7歳

021

2〜3歳

『うずらちゃんの
　　かくれんぼ』

きもとももこ 作
福音館書店　1994年

　『うずらちゃんのかくれんぼ』は、『きんぎょがにげた』
と似た「かくし絵」の手法で、うずらちゃんとひよこちゃ
んがどこに隠れているのかを探すという、いわゆる「探し
もの絵本」なのですが、絶大な人気を誇っています。簡単
に見つかってしまうかくし絵でも、子どもたちが何度も何
度も読み返すのは、そこに、質問し、発見し、確認し、ま
た応答し…、そして、「よくわかったね、今日もうずらちゃ
ん、いたね」…という大人との繰り返しのやり取りの中で、
安心感が得られるからだと思います。
　この大人と子どもの間に流れるほほえましい時間こそが
貴重なのです。

022

2〜3歳

『おおきなかぶ』

ロシアの昔話
A・トルストイ　再話
佐藤忠良 画
内田莉莎子 訳
福音館書店　1962年

　全国の幼稚園・保育園・こども園を回らせていただいた
中で、生活発表会や劇あそびの演目でベスト3に入るのが、
この『おおきなかぶ』だと思います。
　ロシアのユーモラスな民話『おおきなかぶ』の絵本は、
必ずといってよいほど、園に置かれていて、先生方にもな
じみ深いタイトルです。子どもたちが引っ張る役、先生方
がカブになって引っ張られる役をしている園の発表会を見
たことがあります。全員横に一列に並ぶので、舞台を見て
いる保護者の皆さまからも大変好評でした。あくまでも主
役は、子どもたち。彼らの「表現したい」という意欲を引
き出し、日々の遊びや生活の中から自然と劇あそびに発展
させられる環境づくりができるとよいですね。

023

2〜3歳

『ガンピーさんの
　　ふなあそび』

ジョン・バーニンガム 作
光吉夏弥 訳
ほるぷ出版　2020年新版

　限られたスペースに、どんどん人や物が増えていく様子
を描いた絵本は、たくさんあります。このお話を読んだと
き、『てぶくろ』や『こんできました』などを思い出しました。
　作者のジョン・バーニンガム氏は、イギリスの有名な絵
本作家。2019年、82歳でなくなりましたが、数々の受
賞歴のある優れた作家です。奥様は、イラストレーターの
ヘレン・オクセンバリー氏。
　『ガンピーさんのふなあそび』は、小舟に乗り込む動物
たちが増えていくとても愉快な内容ですが、1970年ケイ
ト・グリーナウェイ賞、ニューヨーク・タイムズ年間ベス
ト絵本賞を受賞している傑作絵本です。

024

2〜3歳

『ぐりとぐら』

なかがわりえこ 作
おおむらゆりこ 絵
福音館書店　1963年

　「ぼくらの　なまえは　ぐりと　ぐら このよで　いち
ばん　すきなのは　おりょうりすること　たべること　ぐ
り　ぐら　ぐり　ぐら」という歌で自己紹介しながら現れ
る野ねずみのぐりとぐら、子どもたちが大好きなキャラク
ターです。
　この絵本を読んで、カステラが大好物になった子どもた
ちはたくさんいたことでしょう！ 親子3代にわたってファ
ンのいる大ロングセラーです。
　作者の中川さんと大村さんは姉妹。二人のコンビで、多
くの「ぐりとぐら」シリーズのほか、『そらいろのたね』
などの絵本や、童話『いやいやえん』など優れた作品がた
くさん出版されています。

025

2～3歳

『コッコさんのおみせ』

片山 健 作・絵
福音館書店　1988年

　片山健さんといえば、片目を怪我している野良猫の『タンゲくん』、ド迫力の表紙は一度見たら忘れられないインパクトです。

　一転して、優しいタッチの「コッコさん」シリーズもぜひお勧めしたいです。『コッコさんのおみせ』は、子どもたちの大好きなお店屋さんごっこを通して、少女と少女を取り巻く家族の温かさを描いており、優しい気持ちになれます。昔懐かしいビー玉やおはじきなどを使ってごっこ遊びをする光景のカラフルで美しいこと…。

　大人と子どもで安心して読み合いのできる傑作絵本です。

026

2～3歳

『ぞうくんのさんぽ』

なかのひろたか 作・絵
なかのまさたか　レタリング
福音館書店　1968年

　なかのひろたか―まさたかの兄弟ペアでの絵本制作『ぞうくんのさんぽ』、とてもオシャレな絵本です。最初の刊行から50年以上も経つのに未だに超人気。まず、表紙を見て真っ先に思い浮かべたのが、「親亀の背中に子亀をのせて…」という早口言葉でした。ぞうの背中にかばとわにをのせてお散歩。

　さてさて、ロングセラー絵本の楽しみ方のひとつは、続編が出版されること。なんと本書から36年後に2作目『ぞうくんのあめふりさんぽ』(2004年)が出たのですが、今度はぞうが、わにとかばにのせてもらうシチュエーションに…。ほかにも何冊か関連絵本は出ています。子どもの日常の発見を大切にして絵本作りをしているという著者の思いが伝わってくる作品群です。

027

2～3歳

『たまごのあかちゃん』

かんざわとしこ 文
やぎゅうげんいちろう 絵
福音館書店　1987年

　神沢利子さんといえば、西巻茅子さんが絵を描いてコラボレーションした『はけたよはけたよ』が有名ですが、本書『たまごのあかちゃん』も子どもたちに根強い人気の一冊です。

　児童文学界において、神沢さんは、小学校の国語の教科書にも掲載されている『くまの子ウーフ』(神沢利子 作 井上洋介 絵)や『そりになったブナの木』(神沢利子 作 田畑精一 絵)などの代表作があり、数々の児童文学の賞を受賞している重鎮です。

　卵をモチーフにした絵本には、ほかにも『おしゃべりなたまごやき』(寺村輝夫 作)や、しかけ絵本『たまごのえほん』(いしかわこうじ 作)などがあります。そうそう、『ぐりとぐら』でも重要な役割を果たしていますね。

028

2～3歳

『ぼくのくれよん』

長 新太 作・絵
講談社　1993年

　ナンセンスの王様、長 新太さんの絵本は、2005年に長さんが亡くなられた今でも多くのファンに支えられて、人気を博しています。

　このタイトルは私が大人にも読んでほしい一冊としてエッセイを書いていますが、長さんの300作以上ある作品の中でも特に、「心の解放」「精神の浄化」ができる癒しの一冊なのです。ぞうがくれよんで「びゅー　びゅー　描く」という表現がいかにもダイナミックで、思わず笑ってしまいます。

　この絵本を読むと、童心に帰って思い切りのびのびと絵を描いてみたくなります。大いに想像力が刺激される絵本だと思います。

0歳～1歳

1歳～2歳

2歳～3歳

3歳～4歳

4歳～5歳

5歳～6歳

6歳～7歳

029

2〜3歳

『めの まど あけろ』

谷川俊太郎 文
長 新太 絵
福音館書店　1981年

　大人も子どもも最近では、あまり「わらべうた」を歌わなくなってしまいました。
　大人によってつくられた「童謡」とは違って、「わらべうた」は、自発的に子どもたちが表現して、替え歌なども含めて、遊びの中で歌われたものです。
　「あんたがたどこさ」や「ずいずいずっころばし」「げんこつやまのたぬきさん」…等々は、半世紀前にはどこの家庭や園でも普通に歌われていました。これをきっかけに、ぜひ子どもたちと一緒に遊びながら口ずさんでみましょう。

030

2〜3歳

『もりのなか』

マリー・ホール・エッツ
文・絵
まさきるりこ 訳
福音館書店　1963年

　マリー・ホール・エッツ氏の名作です。モノクロームの独特の世界、横長の絵本が、森の奥深く行進していく男の子の冒険心を表していて、ワクワクします。ファンタジーの世界に出てくるライオンやぞうは、言うならば男の子のイマジナリーフレンドなのです。だから、「さようならぁ、みんな　まっててね。また　こんど　さんぽに　きたとき、さがすからね！」となります。
　子ども時代は、思い切り遊んで、想像の翼を目いっぱい羽ばたかせる経験をしてほしい。そうした子どもの心の内面に住む存在を生き生きと描いているのが本書。素晴らしい一冊です。

031

2〜3歳

『やさいのおなか』

きうちかつ 作・絵
福音館書店　1997年

　野菜の絵本に、『やさいさん』というグラフィカルなイラストのしかけ絵本がありますが、こちらの『やさいのおなか』は、野菜を切り取った断面を影絵、色付き、丸ごとの順に描いて、当てっこクイズができるようになっています。普段見慣れている野菜なのに、すんなりと当てられないところが魅力です。
　子どもたちが興味をもったら、ぜひ実物の野菜を切って断面を見せてあげてください。もう一度確かめたくなって、開いて何度でも楽しむことができる飽きない絵本です。

032

3〜4歳

『あかり』

林 木林 文
岡田千晶 絵
光村教育図書　2014年

　絵本は、子どもだけのものではなく、大人にもじっくり読んでほしいと思えるものが何冊か存在します。それどころか、一冊の絵本に出合って、人生観が変わったという大人を何人か知っています。かくいう私もその一人かもしれません。
　人生で迷いが生じたり、だれかにそばにいて支えてもらいたいと感じたり、疲れを癒したいと思ったり…、そんなとき一冊の絵本がまるで漢方薬のように、心身に染み渡り、その効能に感謝するときがあります。
　『あかり』は、一人の女性の人生にそっと寄り添って存在した宝物でした。本人はそのことを長い間忘れていましたが、ある日、気づくのです。心に温かいものが込み上げてくる傑作絵本です。

ミリオンセラーの秘密

　ミリオンセラーとは、100万部以上の数の売り上げを記録する商品をいいます。

　戦後、最多の発行部数を誇るのは、今のところ一般書籍『窓ぎわのトットちゃん』（黒柳徹子著）だといわれています。ミリオンセラーは、長い年月にわたり、世代を超えて人々に読み継がれていく本なのです。

　ミリオンセラーの楽しみ方をいくつか伝授しましょう。

　1.　初版本と現在の絵本を比べてみる

　　　＊時代に合わせた改訂作業が行われていたりする
　　　＊発行年代毎の傾向を追う

　2.　著者を知る。同じ著者の本を年代順に読み比べていく

　3.　誰のために書いたのか、なぜそのタイトルがついているのかを想像しながら読む

　4.　世界各国の民話・昔話を読み比べてみる

　5.　強烈な個性をもつキャラクター絵本を研究してみる

　6.　テーマ別に読み解く　例）「愛」「友情」「孤独」「勇気」「心の解放」...等々

以下のタイトルで、ミリオンセラーを読み解くヒント（キーワード）を2、3お伝えしていきましょう。

1『かいじゅうたちのいるところ』モーリス・センダック 作　じんぐうてるお 訳　1975年　冨山房
　　読み解き⇒優れたファンタジー、コミカルな絵、リズミカルな文章、アメリカの絵本の代表作、
　　原題 "Wild Things" の絶妙な訳、ネームレスの頁の読ませ方、コールデコット賞受賞
2『はらぺこあおむし』エリック・カール 作　もりひさし 訳　1976年　偕成社
　　読み解き⇒絵本の魔術師と呼ばれる所以、テーマ「希望」、コラージュ・穴あき等の様々なしかけ
3『ぐりとぐら』なかがわりえこ 作　おおむらゆりこ 絵　1963年　福音館書店
　　読み解き⇒「食べる絵本」の代表、秀逸なキャラクター、作者の魅力、頻出する掛け声・繰り返しを駆
　　使した安心感のあるストーリー設定
4『からすのパンやさん』かこさとし 作・絵　1973年　偕成社
　　読み解き⇒奇想天外・網羅性のある図鑑型絵本、テーマ「家族愛」、作者のモイセーエフからの学び

033

3〜4歳

『あんぱんまん』

やなせたかし 作・絵
フレーベル館　1976 年
（2022 年新装版）

　正義の味方「あんぱんまん」は、やけこげだらけのボロボロの、こげ茶色のマントを着て、空を飛んでいます。決してかっこいいスーパーヒーローではありません。自分の顔を食べさせ、捨て身の精神で困っている人や飢えている人を助けるのです。

　東日本大震災のときも、アンパンマンは、被災し、夢や希望を失いかけている人々を勇気づけました。

　まさに、国民的ヒーローのアンパンマンですが、2013 年に享年 94 歳で亡くなられるまで、やなせたかしさんは、生涯現役で、アンパンマンの勇姿を子どもたちに届け続けてくれました。そして、アンパンマンは、これからも子どもたちの心に、灯をともし続ける存在になることでしょう。

034

3〜4歳

『いつだってともだち』

モニカ・バイツェ 文
エリック・バトゥー 絵
那須田 淳 訳
講談社　2000 年

　『いつだってともだち』は、別れのつらさからどうやって抜け出すか、「再生」の道筋を示してくれています。主人公のベノは、大親友と別れてしまったけれど、「孤独」ではありませんでした。お別れの背景にいろいろな人がいて、ベノが寂しさから抜け出せる手段を提示してくれたからです。さりげなくいる 2 羽の鳥の存在も象徴的でした。

　エリック・バトゥー氏の絵はとてもキュートで美しい。エリック・バトゥー氏は、世界最大規模の絵本原画展であるブラティスラヴァ世界絵本原画展（BIB）にて、グランプリ受賞をした実績もおもちです。

　実に心温まる素敵な一冊です。

035

3〜4歳

『おおきくなるって
　　いうことは』

中川ひろたか 文
村上康成 絵
童心社　1999 年

　中川ひろたかさんと村上康成さんによる「ピーマン村の絵本」シリーズの一冊。ふたりの名コンビの生んだ作品には、『みんなともだち』や『さつまのおいも』、『えんそくバス』『おつきみうさぎ』等々、保育園の行事にちなんだ季節感たっぷりの絵本が目白押し。

　その中の一冊『おおきくなるっていうことは』は、子どもが大きくなるとはどういうことかという具体例を一つ一つ上げて子どもたちの成長を促すメッセージ絵本になっています。少々デフォルメされた子どもたちのイラストの表情がとてもキュートで、子どもたちに長く愛されている絵本です。

036

3〜4歳

『おばけの
　　バーバパパ』

アネット・チゾン
タラス・テイラー 作
山下明生 訳
偕成社　1972 年

　世界中で大人気のおばけ絵本の王様ともいえる『おばけのバーバパパ』の日本上陸第 1 作目です。バーバパパの家族を描く本編のシリーズのほかに、ちいさなおはなしシリーズや知識の絵本シリーズ、コミック絵本シリーズも続々出ています。

　50 年近くも愛され続けている「バーバパパ」ですが、作者が絵本で表現しようとした世界観は、よりよい未来のために皆で知恵を絞り、力を合わせて一緒に生きていく、というもの。地球に優しくサスティナブルな取り組みをし、自分にも人にもマインドフルでいること。なんと素敵なメッセージでしょう。

037

3〜4歳

『かばくん』

岸田衿子 作
中谷千代子 絵
福音館書店　1962年

　この絵本に出合ってから、動物園に行くと、子どもたちは、「かばくん」が水の中から出てくるのをじっと待ち望むようになります。サルやゾウ、キリン、ライオンなど動物園のスターたちには及びませんが、意外と、のーんびりゆうゆうとした「かばくん」の立ち居振る舞いには隠れた人気があるようです。かばくんの気持ちになって、のーんびりスローライフを楽しんでみてはいかがでしょう。

　動物に興味をもち始める3歳くらいの子どもたちに最適の本書『かばくん』は、動物園のかばの1日を生き生きと描いています。

038

3〜4歳

『げんきなマドレーヌ』

ルドウィッヒ・ベーメルマンス 作・画
瀬田貞二 訳
福音館書店　1972年

　20代の頃、ヨーロッパに1年半ほど住んでいたことがありますが、仕事をするならドイツ、食事をするならイタリア、オシャレをするならフランス…なんて、勝手に思い込んでいたことを思い出しました。パリはやはり、ちょっと気取っていて、ファッショナブルで、刺激的な街でした。

　そんなパリの香りが漂う絵本『げんきなマドレーヌ』は、パリの寄宿学校が舞台です。1作目は、元気いっぱいのマドレーヌが病気になってしまうお話。この後、続編が何冊か出版されていますが、2作目の『マドレーヌといぬ』で、アメリカ最高の絵本賞、コールデコット賞を受賞しました。背景のパリの風景がとても美しく、マドレーヌの旅案内のようです。

039

3〜4歳

『三びきのやぎの
　がらがらどん』

ノルウェーの昔話
マーシャ・ブラウン 絵
せたていじ 訳
福音館書店　1965年

　あまりにも有名なノルウェーの昔話『三びきのやぎのがらがらどん』ですが、そもそも三匹のやぎの名前である「がらがらどん」というのは、ノルウェー語で「うなり声」を意味します。一方、悪者のトロルは、毛むくじゃらで巨大ないたずら好きの妖精と言われているようです。マーシャ・ブラウン氏の描く本書のトロルは、恐ろしい形相で、とても「妖精」なんて代物に見えませんが…。

　北欧の自然を背景とした物語、じっくり読み合いのできる美しいロングセラー絵本です。

040

3〜4歳

『すてきな三にんぐみ』

トミー・アンゲラー 作
いまえよしとも 訳
偕成社　1969年

　表紙の黒マントに黒ぼうし、おまけに真っ赤なまさかりを持った大泥棒たち、何も知らない子どもが見たら大泣きしてしまいそうですが、いえいえ彼らは、「すてきな」三人組なのです。その転換の妙味がたまらなく面白い。女の子の言うことを聞いて、孤児たちにお城をプレゼントしてしまった大泥棒たちは、案外、人の喜ぶことをするのも悪くない…と思ったのではないでしょうか。このアイロニカルな筆致がたまらなく好きです。

　トミー・アンゲラー氏は、フランス生まれの児童文学作家ですが、1960年代には、アメリカに住み、「ニューヨークタイムズ」などに数々の作品を発表する著名なグラフィックデザイナーでもあったのです。

0歳〜1歳
1歳〜2歳
2歳〜3歳
3歳〜4歳
4歳〜5歳
5歳〜6歳
6歳〜7歳

041

3〜4歳

『せんたく
かあちゃん』

さとうわきこ 作・絵
福音館書店　1978年

　イヌやカバン、ぼうしや人形、子どもたち、なんと落ちてきたかみなりさままで、何でも洗ってしまう、パワフルな「せんたくかあちゃん」の登場に清々しい気持ちになります。何と言っても圧巻なのは、見開きいっぱいに洗濯物のずらーり干された光景！目を見張りますね。
　このせんたくかあちゃん、作者のわきこさんが10歳の時、お父さんが亡くなり、以後女手一つで立派に育て上げてくれたお母さんがモデル。貧しくても苦労してもへこたれない、「なんとかする」というパワーが全身からあふれ出ていた人だったといいます。累計76万部（朝日新聞2021年9月15日）の『せんたくかあちゃん』、きっと、これからもたくさんの母子に明るくたくましく生きる勇気と希望を与えてくれることでしょう。

042

3〜4歳

『だるまちゃんと
てんぐちゃん』

加古里子 作・絵
福音館書店　1967年

　『だるまちゃんとてんぐちゃん』は、加古さんがロシアのマトリョーシカに刺激を受けて、日本の郷土玩具で面白い絵本を作りたいと思ったのがきっかけだったそうです。てんぐちゃんが持っているものを何でも羨ましく思い、欲しくなってしまうだるまちゃん。
　たくさんのうちわやはきものがずらーり並べられるシーンは圧巻です。だるまちゃんの要求にこたえようとする父親（？）だるまどんの奮闘ぶりもみものですね。
　日常生活に登場する身の回りの物に興味をもち始める3歳児あたりの子どもたちには、たまらなく魅力的な一冊です。

043

3〜4歳

『ちいさなねこ』

石井桃子 作
横内 襄 絵
福音館書店　1963年

　横内襄さんの描いた表紙のねこのからだにさわろうとして思わず子どもたちの手が伸びます。今にも動き出しそうなリアルで可愛らしいねこを思わず抱きかかえたくなりますね。『ちいさなねこ』は、典型的な冒険物語ですが、危険な目に遭っても、最後に助けてくれる存在があって、安心感に包まれるラストが用意されているので、何度でも「読んで　読んで」となります。
　「ちいさな　ねこ、おおきな　へやにちいさな　ねこ」。石井桃子さんの美しい文章は、小さなねこを追いかける実況中継のように続きます。石井桃子さんは、A.A.ミルン氏の『クマのプーさん』、バージニア・リー・バートン氏の『ちいさいおうち』、ディック・ブルーナ氏の「うさこちゃん」シリーズ等々、数々の優れた翻訳で児童文学の発展に大きく寄与した御一人です。

044

3〜4歳

『てぶくろ』

ウクライナ民話
エウゲーニー・M・ラチョフ 絵
うちだりさこ 訳
福音館書店　1965年

　てぶくろの中に、いろいろな動物たちが身を寄せ合って暖を取っているシーンは、何度見てもほのぼのとします。実際はあり得ない世界ですが、エウゲーニー氏のリアルな絵の、計算し尽くされた表現の巧みさに魅了されてしまいます。
　てぶくろの家は、動物が増えるたびに、窓が付いたり、呼び鈴が付いたり…と、どんどん住み家らしくなっていきます。このスケール感は見事ですね。おじいさんがてぶくろを落としてラストで拾うというところまで、ファンタジーの扉の入り口と出口がはっきりした素晴らしい出来栄えの絵本です。想像が広がりますね。

「アニマシオン」について

　スペインの読書教育メソッドに「アニマシオン」というものがあります。

　「アニマシオン」とは、スペインで、マリア・モンセラ（ット）・サルト氏[*1]によって開発された読書教育法（アニマシオン＝スペイン語「元気にする」の意）です。

　目的は、読書を通して子どもたちを元気にする（子どもたちの能力を引き出す）こと。

　すなわち、

　　1.　読書を楽しませ、本への愛情をもたせる

　　2.　読む力を引き出すために創造的な遊びの形をとる

　　3.　コミュニケーション力・ディベート力など自分の意見を表現できる力を育てる

ということです。対象年齢は、幼児期（幼稚園年長〜 10 代後半まで）が中心。

　75 種類にまとめられた個々の手法は、「作戦」と呼ばれ、様々なプログラムの中で、深く読む習慣・読解力・コミュニケーション能力を養うことを目指しています。「アニマシオン」は、計画的・継続的に実施することで効果が見られます。

　アニマシオンをする時、リーダーとして子どもたちの力を引き出す案内役を果たす人のことを「アニマドール」と呼びます。「アニマドール」の適性は、子どもたちの意見をのびのびと引き出し、傾聴できること。粘り強く秩序を保ち、誰に対しても平等・率直な態度が取れることが望ましいです。

　本書『発達段階×絵本』でひと通り学んだら、保育・子育ての実践で「アニマシオン」の手法[*2]を取り入れてみましょう。

*１：Maria Montserrat Sarto …… 1919 年スペイン生まれ、マドリード大学にて図書館経営学を学び、雑誌編集長を経て読書推進活動へ。スペインのジャーナリズム賞を多数受賞

*２：興味のある方は、著者までお問い合わせください。
（kimura@childlorecreate.or.jp）

045

3〜4歳

『どうぞのいす』

香山美子 作
柿本幸造 絵
ひさかたチャイルド　1981 年

　『どうぞのいす』は、善意にあふれた物語です。次々に
登場する動物たちが、次に来る人のためにきちんと「取り
換えっこ」をして、善意を残していくのです。
　楽しいのは、居眠りをしていたろばさんは、その展開を
何も知らなかったこと。そしてもうひとつ、どうぞのいす
の食べ物を取り換えっこする動物同士、だれも出会って
いないことです。ろばさんは目が覚めるとあれれ？？ ここで、
子どもたちの笑顔がはじけます。
　柿本さんの温かみのある絵が素敵ですね。「どうぞ」に
込められた優しさや思いやりの心が学べるロングセラー絵
本です。

046

3〜4歳

『ともだちや』

内田麟太郎 作
降矢なな 絵
偕成社　1998 年

　子どもも 3 歳を過ぎたあたりから、社会性が発達してき
て、友だちとの関わりを強く求めてくるものです。4 歳に
なれば、友だち同士の関わり合いのなかで、様々な喜びや
葛藤の気持ちが芽生え、日々成長していきます。本当の友
だちとは何か、友だちと仲良くするにはどうすればよいか
…など、絵本に描かれた理想の友だちの姿に自分を重ねて
共感し、理解していくものです。
　『ともだちや』は、呼び入れてくれたオオカミの見事な
ひとことで、真の友だちの意味に気づいたキツネのお話で
す。このキツネとオオカミの友情は、続々シリーズが出て、
子どもたちに大人気の絵本となりました。
　最近、作者の内田麟太郎さんの絵本美術館が出身地の大
牟田市にできたようです。

047

3〜4歳

『どろんこハリー』

ジーン・ジオン 文
マーガレット・ブロイ・グレアム 絵
わたなべしげお 訳
福音館書店　1964 年

　どろんこハリーの犬種は雑種でしょうか…？ とにかく可
愛い、いたずらぶりもしぐさもまるで、ヤンチャな子ども
です。ハリーが外に飛び出して、いろいろなことに興味を
もって真っ黒になるまで遊び込むところは、子どもたちの
共感を大いに呼ぶところです。ハラハラドキドキする展開
が待っていますが、物語の最後はハッピーエンド！ 60 年
ほど前に出版された本とは思えない納得感と普遍性が感じ
られる素晴らしい絵本です。
　作者の御二人、ジーン氏とマーガレット氏はご夫婦、文
と絵の相性がぴったりなのはそのせいもあるのでしょう
か？

048

3〜4歳

『ねこざかな』

わたなべゆういち 作・絵
フレーベル館　1982 年
（2021 年新装版）

　1978 年、月刊保育絵本「キンダーブック」に登場した「ね
こざかな」。4 年後に市販化されて、子どもたちに大人気に
なり、シリーズ化され、40 年近く続いています。『ねこざ
かな』は、1983 年度ボローニャ国際児童図書展グラフィッ
ク賞を受賞。
　「ねことさかなで　ねこざかな」。赤、黄、青の三原色を
基調としたねこざかなの強烈なインパクトに最初出合った
ときは、度肝を抜かれたものです。魚の口の中に猫が住ん
で海を泳いでいたり陸を歩き回っていたり、水陸両用、ふ
たりでひとつのキャラクターは文句なく愉快ですが、何よ
りシリーズ化された「ねこざかな」絵本の凄いのは、しか
けです。派手なポップアップしかけや音の出るしかけなど、
面白さ倍増です。

049

3～4歳

『ねずみくんの
　チョッキ』

なかえよしを 作
上野紀子 絵
ポプラ社　1974年

　これほどまでに、空間の構図を巧みに活かした絵本はなかなか見当たらない、見事な出来栄えの絵本です。背景に何もない真っ白のキャンバスに赤いチョッキを着た小さなねずみが1匹。その小さなチョッキを次々と「ちょっときせてよ」と借りていく動物たちはどんどん空間の中で大きくなっていきます。子どもたちの「大丈夫なの？」「やめて！」という声が聞こえてきそうな臨場感です。

　作者のなかえよしをさんと上野紀子さんは、とても仲の良いご夫婦でした。残念ながら、上野さんは亡くなられましたが、「誕生45周年記念ねずみくんのチョッキ展」に私も行かせていただき、世界観を堪能しました。

050

3～4歳

『はけたよはけたよ』

かんざわとしこ 文
にしまきかやこ 絵
偕成社　1970年

　子どもたちは3歳頃になるとどんどん成長し、何でも自分でやろうと試みます。周りの大人も、基本的生活習慣を教えて、子どもたちが一人でできることを促しますが、なかなか思うようにはいかないものです。

　この絵本に出てくるお母さんは、たつくんが何とか一人でパンツがはけるようになるのを黙って見守ってくれています。裸のお尻のまま飛び出し、動物たちにからかわれたたつくん、家に帰ったたつくんに、お母さんは優しくお尻を洗ってくれて、「さあ、パンツをはくんですよ」。偶然一人で履けるコツをつかんで、「はけたよ　はけたよ」。今度は喜んで動物たちのところにかけていきます。子どもたちの自立に関わる理想的な大人が描かれています。

051

3～4歳

『はじめての
　おつかい』

筒井頼子 作
林 明子 絵
福音館書店　1976年

　わが息子の5歳の「はじめてのおつかい」を昨日のことのように思い出します。ほんの2～300メートル先の店に一人で送り出す時は、そうっと探偵のように後をつけていったものです。そういえば、本書と同じタイトルのテレビ番組がありますが、私の知人とお子さんが出演し、無事買い物をして帰宅した我が子を抱きしめて泣いていたのを観ました。

　『はじめてのおつかい』は、1976年に初版が出版されてから、根強い人気の大ロングセラーです。

　前述しましたが、林 明子さんの描く女の子は、ほかに類を見ないリアル感のある絵だと思います。

052

3～4歳

『はなを くんくん』

ルース・クラウス 文
マーク・シーモント 絵
きじまはじめ 訳
福音館書店　1967年

　モノクロームの画面、あたり一面の雪と土、静寂の森の中で、動物たちは徐々に目を覚ましていきます。そしてみんなで「はなを くんくん」。春が来たようです。穴から出た動物たちは一斉に駆け出していきます。そこに見たのは一輪の黄色い花。待ち望んだ春を見つけた喜びと命の輝きがしっかりと描かれています。

　作者のルース・クラウス氏は、アメリカの絵本作家。夫である画家のクロケット・ジョンソン氏との共作『にんじんのたね』や、モーリス・センダック氏との共作『ぼくはきみできみはぼく』など、数々の傑作を残しています。瑞々しい感性のあふれる詩的な言葉が素敵です。

0歳～1歳
1歳～2歳
2歳～3歳
3歳～4歳
4歳～5歳
5歳～6歳
6歳～7歳

053

3〜4歳

『ピーターのいす』

エズラ・ジャック・キーツ 作・絵
木島 始 訳
偕成社　1969年

　表紙を見てください。自分が小さいときに座っていた青い椅子を腰に手を当てて、じっと見つめるピーター、隣には生まれたての赤ちゃん、妹のスージーの姿が…。弟や妹ができたばかりの子どもたちは、すぐに心の準備ができるはずもなく、これまで独り占めしていた親の愛を奪われたような感覚に陥るようです。ピーターは、兄になり、葛藤しながらも心の成長を遂げていきます。

　全ページ貼り絵（コラージュ）でできたエズラ・ジャック・キーツ氏の秀作、完成するまでに長い年月がかかったと言われています。

054

3〜4歳

『やっぱりおおかみ』

佐々木マキ 作・絵
福音館書店　1973年

　佐々木マキさんは偉大な漫画家で、当時、つげ義春氏、林静一氏という前衛漫画の旗手らと共に、漫画雑誌『ガロ』のスターとして活躍していました。彼に影響を受けた漫画家・作家は多かったようで、例えば村上春樹さんもその一人。彼のたっての希望で、佐々木さんは、彼のデビュー作『風の歌を聴け』や『羊をめぐる冒険』などの装画を担当しました。そんな佐々木さんの絵本デビュー作が本書『やっぱりおおかみ』です。表紙に現れる真っ黒な1匹のオオカミが自分に似た子はいないかと街をさまよい歩くお話。ラストで「け」と言いながら、オオカミはオオカミらしく生きようと決意する場面、私は大好きです。

　そう、歌のセリフじゃないけれど「オンリーワン」の存在を目指しましょう！

055

3〜4歳

『ラチと
らいおん』

マレーク・ベロニカ
文・絵
とくながやすもと 訳
福音館書店　1965年

　1960年代にハンガリーで書かれた本書は、幼い子どもをもつ親たちにも広く人気が出ました。世界一弱虫な男の子が主人公。自分の中の弱さに気づいて、それに立ち向かっていこうとする本能のようなものを皆少なからず持ち合わせていて共感するからでしょう。「らいおん」は、男の子ラチのイマジナリーフレンド、ラチにだけ見える存在で、彼の心の支えになってくれています。研究者の言によると、「イマジナリーフレンド」は、人間の成長過程において、だれにでも起こり得る通過儀礼でもあり、時が経てば自然消滅する現象であるとされています。

　私も自信喪失して自分が嫌になる時があります。そんな時、ポケットにイマジナリーフレンドである「らいおん」がいると思えれば乗り越えられる、そんな気がします。

056

3〜4歳

『わたしと あそんで』

マリー・ホール・エッツ 文・絵
よだじゅんいち 訳
福音館書店　1968年

　マリー・ホール・エッツ氏の本は『もりのなか』が有名ですが、この繊細で柔らかな描写の『わたしと あそんで』もおすすめです。『もりのなか』では、男の子の心象風景がモノクロームの森の中で見事に表現されていましたが、本書の主人公は女の子。動物が次々と友だちになってくれた時の少女の嬉しい顔と後ろで見守る温かな太陽が印象的。作者の動物や自然への限りない愛情が感じられます。

　ふと、レイチェル・カーソン氏の『センス・オブ・ワンダー』を思い浮かべました。「生まれつき備わっている子どものセンス・オブ・ワンダーをいつも新鮮に保ち続けるためには、私たちが住んでいる世界の喜び、感激、神秘などを子どもと一緒に再発見し、感動を分かち合ってくれる大人が、少なくともひとり、そばにいる必要があります。」本書の「太陽」がその役目を果たしているような気がしました。

057

3〜4歳

『わたしのワンピース』

にしまきかやこ 文・絵
こぐま社　1969年

　絵本作家として50年以上活躍する西巻茅子さん。『わたしのワンピース』は、西巻さん3作目のオリジナル絵本。が、出版当初は殆ど売れなかったそうです。新聞に、「図書館で大人気、いつも子どもたちに借りられている」と掲載されてから、火が付き、あれよあれよという間に大ロングセラーに。今や累計185万部（2021年調べ）に。

　主人公のうさぎは、西巻さんが当時飼っておられ、ほどなく死んでしまったうさぎがモデルだったとか…。もようがくるくる変わるふしぎなワンピースにうっとりしてしまう、日本を代表するファンタジー絵本、いつまでも古くならないメルヘンタッチの絵が魅力的です。

058

4〜5歳

『いたずらきかんしゃ ちゅうちゅう』

バージニア・リー・バートン 文・絵
むらおかはなこ 訳
福音館書店　1961年

　これまで、400カ所近く講演に出かけていますが、必ずと言ってよいほど、冒頭にこの絵本の話をします。私の一番古い記憶で、5歳ぐらいの時に最もお気に入りの絵本だったのが、『いたずらきかんしゃ　ちゅうちゅう』でした。

　墨で描かれた機関車は、力強くて生き生きとしていて、逃げ出していたずらをしても、最後に大事にしてくれる人の懐に戻って来ることができる…その安心感から、何度も何度も絵本を開いていた記憶があります。

　独特のにおいやスピード感、風や温度を感じ、ワクワクしながら読んでいました。なんと自分で中面のページに色を塗っていたのを覚えています。

059

4〜5歳

『うまれてきてくれて ありがとう』

にしもとよう 文
黒井 健 絵
童心社　2011年

　作者のにしもとようさんの息子さんは、難産で生まれてきて、その経験がきっかけとなって本書が出来上がったそうです。その実話を陽だまりのような優しい絵で表現したのが、『ごんぎつね』『手ぶくろを買いに』でおなじみの絵本画家、黒井 健さんです。

　生まれる前の赤ちゃんが、ママを探すという心温まるストーリー、ママが「うまれてきてくれてありがとう」というのは、まさに「命への感謝」の気持ちです。

　ここからは推測です。生まれた赤ちゃんは、すくすく大きくなり、好きな人ができて結ばれて、苦労の末にやがて親になります。そのとき、気づくのではないでしょうか。「お母さん、産んでくれてありがとう」って。

060

4〜5歳

『おおかみと 七ひきのこやぎ』

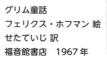

グリム童話
フェリクス・ホフマン 絵
せたていじ 訳
福音館書店　1967年

　あまりにも有名なグリム童話ですが、子ヤギたちがオオカミに襲われたことを知ったお母さんヤギの衝撃が、バタンと倒れた赤いパラソルとお母さんヤギの驚愕の表情に表れていて、そのシーンがまず、ずっと脳裏から離れませんでした。

　グリム童話ですから、少々残酷な内容でも余すところなく伝えており、しかし、子ども心に悪いことをしたらお仕置きされる、懲らしめられるものなのだと納得していた思い出があります。ドイツ児童書優秀賞受賞作品です。

0歳〜1歳

1歳〜2歳

2歳〜3歳

3歳〜4歳

4歳〜5歳

5歳〜6歳

6歳〜7歳

絵本の「読み聞かせ」について

　絵本の「読み聞かせ」とは、絵本を媒介にして、子どもと向き合うことを言います。大人と子どもの間には、時間と空間を共有することで、信頼関係が生まれ、心理的にも絵本という一つの世界を分かち合い、イメージを共有すること、お互いに絵本を真ん中にして内容を心から楽しむことで、深いコミュニケーションが得られるのです。

　もう一つ大切なことは、読み聞かせる大人がいて、子どもたちの想像力がはたらくこと。そうすれば、充実した絵本の世界が体現できます。

　そもそも私は、「読み聞かせ」という言葉をあまり好ましく思っていません。大人と子どもの関係性でいえば、絵本の内容を読んで聞かせるというよりは、絵本のメッセージを語り伝える「語り伝え」という言葉が適切だと思います。

　絵本は、まさに、絵と文を描いた（書いた）人の深い愛情や感動が表現されています。優れた絵本の作者の心や感動を深く読み解き、想像の世界を駆使してそのメッセージを感受し、イメージを思い浮かべて、語り伝えていくことが、本来の絵本の読み方であると思っています。

　子どもたちの想像力⇒創造力をいかんなく発揮できるような環境づくりができるといいですね。

　大人と子どもで絵本と対峙するかけがえのない時間を共有し、子どもたちの感受性を豊かにする環境を整えてまいりましょう。

以下に、読み聞かせの目安 10 か条を記します。参考にしてください。

1. あらかじめ本を開きやすくしておく
2. 表情を豊かに。ただし、オーバーに感情を込めすぎないでゆっくり読む
3. 子どもが要求したら、時間の許す限り何度でも読む
4. 最後まで読む。子どもの反応を見ながら、時には会話しながら読む
5. 読み終わっても感想を強要しない
6. リラックス時に読む習慣をつける
7. 本と実体験の両方が必要
8. 時には他クラスの担任、父親や祖父母など、いつもと違う大人が読む
9. 子どものリクエストに応える。大人がよいと思う本を押し付けない
10. ハッピーエンドの話からリアリティのある話まで、子どもの発達に応じて読み聞かせる

0歳〜1歳

1歳〜2歳

2歳〜3歳

3歳〜4歳

4歳〜5歳

5歳〜6歳

6歳〜7歳

061

4〜5歳

『おしゃべりな
たまごやき』

寺村輝夫 作
長 新太 絵
福音館書店　1972年

　まず、タイトルの奇抜さが目を引きます。そして、長さんの絵のカラフルで、のびのびした表現が、深く印象に残る一冊です。表紙には、この物語のきっかけとなったにわとりが、小屋でぎゅうづめになっていて、それをじっと王様が見つめているシーンが…。何かが起きる予感がしますね。

　作者の寺村輝夫さんですが、少年時代、卵は貴重品で、家族の数だけ食卓に出ることがなかったので、兄弟順に不平等な分け方になったことを覚えていました。この時の食と卵に対する欲望が後に、こうしたナンセンス童話を作ることにつながっていったと言われています。

　1959年、「こどものとも」で発表された旧版は、文藝春秋漫画賞を受賞し、絵本作家、長 新太さんの原点となった作品でもあります。

062

4〜5歳

『おふろだいすき』

松岡享子 作
林 明子 絵
福音館書店　1982年

　この絵本を読んでから、お風呂嫌いではなくなったというお子さんを持つお友だちを知っています。お風呂に続くドアを開けると、ペンギンやカバがいそうな気配を感じるくらい、この絵本をきっかけにバスタイムが好きになったそうです。『おふろだいすき』は、ラストにお母さんの腕の中に迎え入れられる安心感のもと、まこちゃんの空想が存分に繰り広げられるファンタジーです。

　次に紹介する『かいじゅうたちのいるところ』もマックスが冒険をするファンタジーの世界から現実に戻ってくるのを、食事を作ってお母さんが迎え入れてくれていましたね。林 明子さんの絵の柔らかいタッチが、お風呂の湯気やシャボンの質感をうまく表現していて、温かな雰囲気に包まれました。

063

4〜5歳

『かいじゅうたちの
いるところ』

モーリス・センダック 作
じんぐうてるお 訳
冨山房　1975年

　コールデコット賞を受賞し、世界中の子どもたちをひきつけてやまないモーリス・センダック氏の代表作。氏が自分の幼い頃の遊び経験をもとに創作した。子どもの内面のドラマをみごとに描いて、今世紀最高の絵本（絵本の王様）と称され、世界で約2000万部を売り上げています。

　彼は、子どもたちが恐怖・怒り・憎しみ・欲求不満などの感情（かいじゅうたち）を飼いならすために、空想・ファンタジーの力を借りるのだ、と述べています。見事なファンタジー絵本です。

　"The Wild Things"…「野性的なもの」を「かいじゅう」と訳したところが、訳者・神宮輝夫氏の妙味でしょう。

064

4〜5歳

『ぐるんぱの
ようちえん』

西内ミナミ 作
堀内誠一 絵
福音館書店　1966年

　ぐるんぱは、ひとりぼっちの大きなぞう。何度も何度も失敗しても、また挑戦する。最後に皆の役に立って喜ぶぐるんぱの幸せな場面が用意されていて、めでたしめでたし。

　本書は、様々な葛藤を経て、最後に自分の居場所を見つけていく「自分探し」の旅のような一冊です。作家になることが夢だった作者の西内ミナミさんのデビュー作。「失敗は成功の母（もと）」「最後まであきらめない」「人生に無駄なことはひとつもない」いろいろなメッセージが読み取れます。

　1966年から55年以上も愛され、累計240万部以上ヒットした大ロングセラー絵本です。絵の堀内誠一さんは、有名なグラフィックデザイナー。『ぴよぴよ』『たろうのおでかけ』『こすずめのぼうけん』『ロボット・カミイ』など、多くのヒット作があります。

065

4〜5歳

『こすずめの
　　ぼうけん』

ルース・エインズワース 作
石井桃子 訳
堀内誠一 画
福音館書店　1977 年

　堀内誠一さんといえば、前述した『ぐるんぱのようちえん』や『たろうのおでかけ』などでおなじみの作家ですが、著名なグラフィックデザイナーでもあり、かつては、『an・an』『POPEYE』『BRUTUS』『Olive』などのロゴをデザインした人でもあります。また、詩人谷川俊太郎さんとのコラボで、「ことばのえほん」シリーズという 3 部作があり、こちらも私は大変気に入っていました。

　4〜5歳児にとって、冒険物語はとても魅力的です。物語の主人公に自分を重ねて擬似体験するのです。何しろ、この年代の子どもたちは、自分の限界を知らないので、何でもできる…と思ってしまい、ついつい度を越してしまいます。さて、こすずめはどんな冒険の旅に出たのでしょうか？

066

4〜5歳

『こんとあき』

林 明子 作
福音館書店　1989 年

　キツネのぬいぐるみの「こん」は、まるで「あき」のボディーガードのように、彼女を守ろうとするのです。本当にぬいぐるみだとは思えない、健気さ、たくましさを感じます。きっと、おばあちゃんがあきのお守りに…と、あきのために作ってくれた大切な守護神のような存在だからでしょう。それにしても、小さな女の子とぬいぐるみの電車での二人旅、そこで起こる数々のハプニング…という奇想天外なお話なのに、とてもリアルに、家族のようなきずなや愛を感じてジーンとしてしまいます。

　子どもを取り巻く世界をこんなにもドラマチックに表現する天才、林 明子さんの傑作絵本の一冊です。

067

4〜5歳

『しずくのぼうけん』

マリア・テルリコフスカ 作
ボフダン・ブテンコ 絵
うちだりさこ 訳
福音館書店　1969 年

　4、5歳頃になると、科学絵本にも興味をもつようになります。このころは、さかんに「なぜ？」「どうして」を連発しますが、すぐに答えられない難問もたくさんあります。そんなとき、無視したり、「うるさい」などと言わずに、「一緒に考えてみよう、調べてみようか」の言葉かけが大切です。

　『しずくのぼうけん』は、ポーランドの絵本、何と一滴の水の冒険旅行のお話です。水蒸気になったり、氷になったり…、どんどん変化していく「しずく」の姿に好奇心が刺激されます。リズミカルな文とお洒落な絵も素敵です。

068

4〜5歳

『しょうぼう
　じどうしゃ
　じぷた』

渡辺茂男 作
山本忠敬 絵
福音館書店　1963 年

　作者の渡辺さんが 2 年 3 カ月の歳月をかけて書いたという『しょうぼうじどうしゃじぷた』は、ストーリーが素晴らしく、登場するすべての乗り物が擬人化されています。特に、味噌っかすのじぷたは、ひ弱で身体が小さくて、人より遅れをとっていた幼い自分の分身で、そのほかの活躍する乗り物たちは、強くてたくましい遊び友だちの分身であったとか。

　物語の後半、かっこいいはしご車や高圧車や救急車のように注目されない「じぷた」にも、いよいよ出動する機会がやってきて、みごと山火事を消し止め、大活躍！ 子どもたちの個性を見極め、適材適所でいいところを褒めて育てる、大人と一緒にぜひ読んでほしい絵本です。

　60 年ほど前の絵本ですが、未だに根強い人気を誇っている理由が理解できますね。

069

4〜5歳

『しろいうさぎと
くろいうさぎ』

ガース・ウィリアムズ 文・絵
まつおかきょうこ 訳
福音館書店　1965年

　白いうさぎと黒いうさぎの優しい愛の物語が、柔らかい質感の美しい描線の絵でしっとりと描かれます。作者のガース・ウィリアムズ氏（米 1912〜1996）は、かの有名なローラ・インガルス・ワイルダー氏の『大草原の小さな家』E.B.ホワイト氏の『シャーロットのおくりもの』の新版のための挿絵でとても有名なイラストレーターです。

　本書の出版当初は、全米で人種差別撤廃運動が盛んだった時代で、白色人種と黒色人種の異人種間結婚をほうふつとさせるとして論争を呼んだと言われています。ただ、作者のウィリアムズ氏は、この物語は大人向けに人種差別を意識して描いたものではなく、「子どもたちに読んでほしい柔らかい愛に関する物語」だと言い切っていたようです。

　月夜の晩、森の皆に祝福されて結婚式を挙げる2匹のうさぎ。なんてロマンチックなのでしょう。

070

4〜5歳

『ちいさいおうち』

バージニア・リー・バートン 文・絵
石井桃子 訳
岩波書店　1965年

　約80年前の1942年、『ちいさなおうち（THE LITTLE HOUSE）』は、米国で出版されました。四季折々の自然の美しさ、変わらないものを守り続けることの意味を詩情豊かな文章と丁寧に描かれた絵で見事に表現しつくして、長く世界中の人々を魅了し続けるロングセラーとなりました。

　さて、日本には、1960年から70年のまさに高度経済成長期の波に乗り1965年に上陸。その当時、日本は例にもれず、道路ができ、高層ビルが建ち、街灯がつき、電車が通り…周囲がどんどん都会化して行く真っ只中でしたが、一方で「四季の移ろい」はだんだんあやふやになっていきました。日本で出版されて55年以上経った今日、『ちいさいおうち』と同じように、私も年を取りましたが、人はだれしも幸せだった日々を懐かしみ、りんごやひなぎくの花が咲くあの丘に帰りたいと思うのです。

071

4〜5歳

『はらぺこ
あおむし』

エリック・カール 作
もりひさし 訳
偕成社　1976年

　色の魔術師と呼ばれたエリック・カール氏による、最も有名な代表作『はらぺこあおむし』は、薄紙に色を塗って貼り付けるというコラージュという技法で立体感を出しています。『はらぺこあおむし』は、小さなあおむしが成長して美しいちょうになるという希望に満ち満ちた物語です。

　美しい絵本にだれもが感動、70カ国以上の国で翻訳され、累計発行部数は5500万部以上という驚異の数字をたたき出しています。

　エリック・カール氏は、2002年にアメリカ マサチューセッツ州にエリック・カール絵本美術館を創設。2003年にローラ・インガルス・ワイルダー賞を受賞。2021年5月に永眠。91歳でした。

072

4〜5歳

『100万回生きたねこ』

佐野洋子 作・絵
講談社　1977年

　ねこの名前はなくて、りっぱな「とらねこ」。この緑色に光る瞳を持つとらねこに魅せられて、何度も何度も子どもたちに読み聞かせをした大好きな本です。とらねこは、100万回も生き死にを繰り返すのですが、たった一匹の白いうつくしいねこに出会い、ついに本当の「愛」の意味と「生きる」意味を知ってしまうのです。自分のことを大好きな強いキャラクターのナルシストねこの運命にこんなはかない人間的な苦悩をかぶせてストーリーを作った佐野洋子という作家の偉大さに感動を覚えます。

　『100万回生きたねこ』は、佐野洋子さんが最も作家として脂ののってきた40歳になる手前で世に出した絵本でした。本書は間違いなく、今後も「愛」について、「死」について深く考えさせられるロングセラーとして君臨していく名作だと思います。

園の教材「保育絵本」とは

保育絵本とは？

1. 子どもたちの成長・発達段階に合わせて、保育の中で活かせるように計画的に作られている園における教材。子どもたちの成長に欠くことのできない「やさしさ」「思いやりの心」「好奇心の芽生え」「大切な生活習慣」「友だちとの遊びを通したかかわり」等々、全てを凝縮した絵本

2. ジャングルジムや砂場のように、子どもたちが自由に利用でき、いつでも手にすることができる環境のひとつ

3. 子どもたちの一人ひとりが手にして集団の中で楽しめ、また一人ひとりの思いを誌面に刻み込める絵本

4. 様々な絵、テーマ、表現に出合えるように意図的に作られている絵本

5. 家庭に持ち帰り、園と家庭のパイプ役になる絵本

保育絵本の種類

1. 総合絵本 ・・・・・・ 自然観察、社会観察、生活、お話、うた、食育、工作等々、盛だくさんのコーナーから成り立ち、実体験へと活動展開できる。年間 12 冊を通じて、子どもたちの好奇心、探究心、自立心、想像力を育む絵本

2. 科学絵本 ・・・・・・ 身近な自然や科学を様々な角度から取り上げる。子どもたちの知的好奇心を刺激したり、行動を動機づけたり、自然の不思議さに気づかせ、認識やイメージをより確実なものにして伸ばしていく。また科学する心を育て、実体験へと展開できる絵本

3. お話絵本 ・・・・・・ やさしさ、思いやりなど、子どもたちの豊かな感性、想像力を育てる絵本

保育絵本の園での活用方法

1. 保育の中で取り上げる時間・空間を準備し、環境を整える ・・・・・・ 絵本コーナー、ミニ図書館の設置。1 日 10 分間の読み聞かせ。週 2 回の絵本の時間等々

2. 絵本と親しむことを子どもたちの自主的な遊びの 1 つとして認め、誘導する ・・・・・・ 魂がわくわくするような幼児期の「遊び」としての絵本経験の重要性を知らせることが大切。絵本と子どもを豊かにつなぐ

まとめ

保育絵本 ・・・・・・「想像力」や「論理性」を育む
「人間」やあらゆる「世界」についての考察が深まる
「感受性」（心のもっている感度）が豊かになり「生きる力」を育む

073

4〜5歳

『みんなうんち』

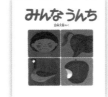

五味太郎 作
福音館書店　1977年

　トイレトレーニングの頃に読みたい一冊『みんなうんち』。排泄について、興味をもち始めたら、何度でも読んであげたい絵本です。動物は生きていくためには必ず排泄をするのだというメカニズムを理解させることができます。
　子どもたちはこの絵本がきっかけで、もう少し大きくなると、いろいろな食べ物を消化していく体の仕組みなどに興味をもつようになります。「うんち」について淡々とユーモラスに描いた本書は、海外でも高い評価を受け、英語のみならず、タイ語やスペイン語にも翻訳されています。

074

4〜5歳

『やさしいライオン』

やなせたかし 作・絵
フレーベル館　1975年
（2022年新装版）

　「アンパンマン」の生みの親である作者・やなせたかしさんの絵本作家デビューの名作『やさしいライオン』。『やさしいライオン』を出版しなければ、アンパンマンも絵本化されなかっただろうと、氏は生前に仰っていました。
　子どもたちに何度も読み聞かせをせがまれるのが本書です。特にラストシーン、やっと二人は再会できたのに、警官隊の銃弾に撃たれ、倒れた二ひきが寄り添っているシーンを見て、幼い子どもたちはどのように感じたのでしょう。「うってはいけないのに　ブルブルは　とても　やさしいライオンなのに」という言葉が人間のエゴやら、世の中の不条理やらをあぶり出しています。

075

4〜5歳

『ヤンと
　　きいろいブルンル』

やすいすえこ 作
黒井 健 絵
フレーベル館　1986年

　こねこのヤンと黄色い自動車のブルンル。とても切ない友情ものがたりに、何度も涙しました。園に行かせていただいて、何度も何度も読み聞かせをさせてもらったタイトルです。捨てられたブルンルをようやく探し当てたヤン、これからもきっといばらの道だけれど、絶対離れ離れにならない何だか一生涯続く親友同士のような温かい二人の心の交流を感じました。
　そして、人間の身勝手さも…描いています。消耗品である車を買い替える人間たち、致し方ないのですが、捨てられた車には人間の思い出がいっぱい詰まっているはずです。考えさせられますね。ふと、古くなった機関車が子どもたちに救われるお話、『きかんしゃ　やえもん』を思い出しました。

076

4〜5歳

『わすれられない
　　おくりもの』

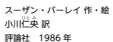

スーザン・バーレイ 作・絵
小川仁央 訳
評論社　1986年

　物語の主人公アナグマは、著者スーザン・バーレイ氏の住むイギリスでは、とてもなじみ深い動物、一度見たら忘れられない個性が感じられます。物知りで賢いアナグマは、自分の死期の迫っていることを察知し、みんなに「長いトンネルのむこうに行くよ　さようなら」という手紙を残して死んでしまいます。身近な存在、大切な存在を失う経験をすると、人はみな茫然自失となりますが、何とか故人の遺志を継いだり、動物との思い出を大切に守り育てたりして生きていくのです。アナグマは森の動物たちに、生きるための知恵や工夫、勇気を残してくれました。
　人の「哀しみ」や「死」について、生きる価値について、本当の優しさとは何かについて、深く考えさせられる傑作絵本、スーザン・バーレイ氏のデビュー作です。

0歳〜1歳

1歳〜2歳

2歳〜3歳

3歳〜4歳

4歳〜5歳

5歳〜6歳

6歳〜7歳

077

4〜5歳

『わたし』

谷川俊太郎 文
長 新太 絵
福音館書店　1976年

　谷川俊太郎さんとコラボレーションさせていただいたイベントで、ファンミーティング（セミナー）を開催し、『わたし』をじっくり鑑賞しました。版元にご協力いただき、「山口みち子　5才」の等身大ボードを作って、「わたし」って何？ を話し合ってみました。子どもたちの口から出た自己紹介は、堂々としていて、自分の存在が誇らしいと気づいたようです。まだまだ子どもたちには難しい自己相対化ですが、このあたりから他者理解が深まっていきます。科学絵本・哲学絵本的な要素のある一冊です。
　「わたし」を取り巻くいろいろな人や物を意識し、自分の存在を愛おしく思うことはこれからの人生にとって、とても大切なこと。それを親子で、先生と生徒で、大人と子どもで認識してほしいのです。

078

5〜6歳

『おしいれのぼうけん』

ふるたたるひ　たばたせいいち 作
童心社　1974年

　『おしいれのぼうけん』は、何度読んでも飽きない、色褪せない名作です。80頁にも及ぶ長編、ほぼモノクロームの作品なのに、その長さを感じさせず、物語にぐいぐい吸い寄せられていきます。
　「さくらほいくえん」を舞台に、主人公の2人の男の子、さとしとあきらが、おしおきのために押し入れに入れられ、そこからファンタジーの世界に入っていきます。
　古田足日さんのしっかりとした人物像の設定、生き生きとした文章に、田畑精一さんの子どもたちのリアルな表情を巧みに描く絵がマッチし、素晴らしい絵本に仕上がっています。2人のコンビの作品、『モグラ原っぱのなかまたち』『ダンプえんちょうやっつけた』もお勧めです。

079

5〜6歳

『からすのパンやさん』

かこさとし 作・絵
偕成社　1973年

　絵本講習会に行くと、必ずお話しする一冊です。
　息子が幼い頃、大好きな絵本でした。特に見開きいっぱいに並んだ84種類のユニークなパンは圧巻！ 5歳の息子は、その殆どを覚えてしまっていました。ユニークな形のパン大集合、なかでも、あり得ない！ と言いながら、かみなりパンやおちょうしパン、ヘリコプターパン…などを気に入っていたようです。本書に出てくるパンを粘土で作って、パンやさんごっこをしている園もありました。
　さて、このお話には40年後に「つづきのおはなし」ができました。興味のある方はどうぞ。

080

5〜6歳

『さくらのさくひ』

矢崎節夫 作
福原ゆきお 絵
フレーベル館　2007年

　桜の咲くシーズンになると、ふと思い出して読み返したくなる一冊です。園のための月刊保育絵本『キンダーブック』の年長児向け「おはなしえほん」として初出（1983年）した傑作絵本です。
　近年、温暖化現象で、桜の開花が早くなり、入学式には、すっかり散ってしまっていたということが多いのですが、やはり、桜は出会い、門出というスタートのイメージが強いおめでたい花ですよね。
　福原ゆきおさんの明るい色彩の溢れたメルヘン調の絵と、せつなくも美しいもぐらとさくらの木の純粋な友情を描き切った矢崎節夫さんの作品の強さがとてもマッチしています。

081

『さっちゃんの
まほうのて』

たばたせいいち
先天性四肢障害児父母の会
のべあきこ、しざわさよこ＝共同制作
偕成社　1985年

　過日のパラリンピックをテレビ観戦し、アスリートたちの努力と苦悩と喜びの涙に深く感動した人も多かったことでしょう。パラリンピックという夢舞台に立つまでにどれほどの血がにじむような努力と苦しみがあったことか…、勿論その家族や友人や周囲の人たちも。そんなときふと、この絵本が読みたくなりました。
　『さっちゃんのまほうのて』は、生まれつき障がいをもつさっちゃんが苦しみながら、現実を受け入れて力強く生きようとするお話です。
　本書は「先天性四肢障害児父母の会」が「我が子や周囲に障がいをどう伝えるか」という悩みに応える絵本を企画し、絵本作家田畑精一さんに制作を依頼したものだそうです。

082

『スイミー
ちいさな　かしこい
さかなの　はなし』

レオ・レオニ 作
谷川俊太郎 訳
好学社　1969年

　レオ・レオ二氏は、オランダに生まれ、アメリカでグラフィックデザイナー、彫刻家として活躍。そして、1959年、孫のために作った絵本『あおくんときいろちゃん』で絵本作家としてデビュー。代表作『スイミー』のほかにも『フレデリック』や『じぶんだけのいろ』『コーネリアス』等々、40冊近くの絵本を発表し、世界的に有名になりました。
　『スイミー』は、小学校の国語の教科書に出てくる言わずと知れた名作。自分一人では敵に立ち向かえなくても、知恵と勇気を出し、リーダーシップを発揮して仲間を集い、勝利していく、スイミーの姿に拍手喝采です。
　国際絵本ビエンナーレ金のリンゴ賞（第1回）を受賞。

083

『ずーっと ずっと
だいすきだよ』

ハンス・ウィルヘルム 文・絵
久山太市 訳
評論社　1988年

　息子が高校2年の時のことです。彼は人生の壁にぶつかっていて、途方に暮れていたある日、家族で何となく立ち寄ったペットショップで突然、1匹の犬を指さし、「この犬、連れて帰りたい」と言い出しました。息子が抱き上げると、その雄犬のビーグルは嬉しそうにちぎれんばかりに尾を振って甘い声を出します。絶対面倒を見るから、大事にするから…と息子に押し切られ、そのビーグルは我が家にやってきました。その後、犬は「REN」と名付けられ、来る日も来る日も彼と一緒、彼の心の安らぎの場所になっていきました。あれから16年、今ではRENは、足腰も弱り、目も見えなくなって、昼間は殆ど眠っているばかり。もしこの先RENと別れる日が来ても、きっと息子は後悔しないと思います。「ずーっと　ずっと　だいすきだよ」と常に言っていましたから。

084

『たいせつなこと』

マーガレット・ワイズ・ブラウン 作
レナード・ワイスガード 絵
うちだややこ 訳
フレーベル館　2001年

　「あなたにとってたいせつなのは、あなたがあなたであること」で終わる絵本『たいせつなこと』は、私にとってバイブルのような一冊です。
　マーガレット・ワイズ・ブラウン氏の原書“THE IMPORTANT BOOK”と内田也哉子さんの訳本を二冊、私はいつも持ち歩いていました。仕事や家事、父の介護などで疲れたとき、そっとページをめくる。そこには、物や人の温もりがあって、ありのままの存在を丸ごと受け入れることの大切さ、力強い言葉の数々がちりばめられていました。
　もし、見知らぬ人に「一冊だけあなたのベストの絵本を選びなさい」と問われたなら、私は躊躇なくこの本を挙げると思います。自分自身と愛する人や物を抱きしめたくなるメッセージ絵本です。

0歳〜1歳

1歳〜2歳

2歳〜3歳

3歳〜4歳

4歳〜5歳

5歳〜6歳

6歳〜7歳

絵本を通して「生きる力」を高める（キャリアアップ）

『生きる』より

● 詩／谷川俊太郎　　●絵／岡本よしろう　　●福音館書店刊

- ● 自分はいま、自分自身の「いのち」に感謝しているか
- ● 日常の中にある「生」と「死」を静かに見つめてみよう
- ● 「生きているということ　いま生きているということ」は、自分にとってどういうことなのか、書き出してみよう
- ● 谷川俊太郎氏の次の詩を読んで、『生きる』と読み比べてみよう
『かないくん』『ぼく』『へいわとせんそう』

生きていること　いま生きていること。

・・・・・・ 様々な人生の瞬間の情景を捉えた谷川俊太郎氏の詩の世界が、小学生のきょうだいと家族が過ごすある一日の情景として浮かび上がってきます。何気ない日常の中にこそ生きることのすべてがあることに気づかされる一冊です。

何度も絵本を読んで、自分の人生を振り返ってみることも大切ですね。

『たいせつなこと』より

●作／マーガレット・ワイズ・ブラウン　　●絵／レナード・ワイスガード　　●訳／うちだややこ
●フレーベル館刊

1949年にアメリカで出版されて以来、読み継がれてきた絵本。
「たいせつなこと」とはなにかを、やさしく詩的な文章で語りかける。

・・・・・・ 溢れるモノや情報、慌しい日常、超スピードで追いかけられる毎日、将来への得体の知れない不安に駆られたとき、そっとページをめくる。そこには、目に映ったありのままの存在そのものを丸ごと受け入れていく力強い言葉の数々が散りばめられています。
ラストシーンに感動。こころとからだの常備薬として永く手元に置きたい一冊です。

085

5〜6歳

『だってだっての
おばあさん』

佐野洋子 作・絵
フレーベル館　1975年
（2009年新装版）

　「キュートでチャーミング」な老人って日本の絵本に出
てくるかなって考えたら、真っ先に『だってだっての おば
あさん』が思い浮かびました。
　98歳になってもとても元気でお茶目なおばあさんとね
こが登場する物語です。
　5歳になったおばあさんは、川を飛び越えたり魚釣りを
したり。ねこの心配は、5歳でもケーキを上手に焼けるの
かという点で、そこに、クスリと笑えます。おばあさんと
ねこの「心の交流」がしっかり描かれていて、さすが、佐
野洋子さんの作品だと合点しました。

086

6〜7歳

『アンジュール』

ガブリエル・バンサン
作・絵
BL出版　1986年

　作者は、ベルギーの絵本作家ガブリエル・バンサン氏で
すが、オリジナル版は彼女が53歳の時、モニック・マル
タンの本名で出版しています。出版当初は、非常に斬新で
スタイリッシュな絵本として注目を浴びていました。
　フランス語で「ある一日」という意味の「アンジュール」。
一匹の犬のある一日を描写しています。犬が車から投げ捨
てられるという衝撃的なシーンで始まるネームレス（文字
がない）の絵本です。ガブリエル・バンサン氏の鉛筆画の
世界には、だれしも立ち止まって考えさせられる魔法のよ
うな力があります。荒々しい鉛筆のデッサン力だけでこれ
ほどファンの心を捉えてしまう…本当に凄い絵本だと思い
ます。

087

6〜7歳

『生きる』

谷川俊太郎 詩
岡本よしろう 絵
福音館書店　2017年

　日本を代表する詩人谷川俊太郎さんの詩「生きる」は、『う
つむく青年』（1971年）の中に収録されている素晴らしい
一編です。半世紀前に書かれた詩とは思えないみずみず
しい感性にあふれ、私たちの心にせまってきます。生きて
いることの列挙に、鳥ははばたき、海はとどろき、かたつむ
りははい、人は…？ 人は愛するということ、と断言して
います。「生きる」とは「いのち」とあります。
　先日、谷川さんとあるイベントでご一緒させていただき
ました。『生きる』が絵本になったことについて、彼は、「絵
本」は子どものものだと決めつけないで、大人の中の子ど
もを大事にすることが大切、エネルギーみたいなものを
「詩」と「絵本」両方から感じてほしいと仰っていました。

088

6〜7歳

『おおきな木』

シェル・シルヴァスタイン 作・絵
村上春樹 訳
あすなろ書房　2010年

　この絵本に最初に出合ったのは、私が高校生くらいの頃で、
村上春樹さんの訳ではなく、本田錦一郎さんの訳で読んでい
ました。原題は、"The Giving Tree"「与え続ける木」。これ
ぞ究極の「無償の愛」だと感じたのを記憶しています。シェル・
シルヴァスタイン氏は、シンガーソングライターでもあり、
児童文学作家のほか、詩人、音楽家、漫画家としての多彩な
顔を持ち、自由奔放で、放浪癖のある人物だったようです。今、
改めて目の前に本田錦一郎訳と村上春樹訳の2冊を置いて読
み比べています。主人公の、"A little boy"は、本田訳は「ちびっ
こ」、村上訳は「少年」です。村上氏のあとがき「あなたはこの
木に似ているかもしれない。あなたはこの少年に似ているか
もしれない。ひょっとして両方に似ているかもしれない。あ
なたは木であり、また少年であるかもしれない」。この物語の
中に何を感じるかは自由、それが物語だからと彼は語ります。

0歳〜1歳
1歳〜2歳
2歳〜3歳
3歳〜4歳
4歳〜5歳
5歳〜6歳
6歳〜7歳

089

6〜7歳

『ごんぎつね』

新美南吉 作
黒井 健 絵
偕成社　1986 年

　作者の黒井 健さんにかつて「保育博」にて、『ごんぎつね』の制作秘話や新美南吉氏の作品の世界観を聞く機会がありました。『ごんぎつね』は、当時スランプに陥っていた黒井さんにとっても、大切な一冊だったそうです。
　黒井さんは、作者新美南吉さんの故郷を何度も訪れ、どんどん作品世界にのめりこんでいき、ついに教科書にも掲載され、だれからも長く愛される傑作絵本が完成したのです。
　新美南吉さんが、『ごんぎつね』の 2 年後に書いた作品『手ぶくろを買いに』と併読をお勧めします。どちらの絵本も黒井さんの幻想的なタッチの挿画が息をのむ美しさです。

090

6〜7歳

『スーホの白い馬』

モンゴル民話
大塚勇三 再話
赤羽末吉 画
福音館書店　1967 年

　モンゴルの大平原を舞台に壮大なドラマとして描かれた本書は、涙なくしては読めない傑作絵本です。
　モンゴルに伝わる楽器、「馬頭琴」の由来を伝える馬と少年の哀切な物語『スーホの白い馬』は評価も高く、サンケイ児童出版文化賞ほか、多くの賞を受賞しています。
　モンゴル民話の本書は、赤羽末吉さんがモンゴルを取材して、とてもリアルに丁寧に描かれていることに心を打たれました。

091

6〜7歳

『ぞうのババール
　　こどものころのおはなし』

ジャン・ド・ブリュノフ 作
やがわすみこ 訳
評論社　1974 年

　ぞうが主人公の絵本はたくさんありますが、服を着て二足歩行をし、車を運転したりショッピングをしたり、何でもやってしまう擬人化されたぞうのババールに子どもたちは夢中になりました。
　本書は、フランスの絵本作家、ジャン・ド・ブリュノフ氏によって 1931 年に発表され、のち、息子のローラン・ド・ブリュノフ氏が引き継いで創作をしていった、世界でもまれな親子 2 代にわたるシリーズなのです。
　ババールのお話は、とても奥が深くて、当時のフランスの世相が仄見えたりすることを批判する人もいたようですが、半世紀以上にわたり、世界中で人気を博しています。ゆかいな冒険と心温まる愛と友情の物語、じっくりと味わいたいものですね。

092

6〜7歳

『だいじょうぶ
　　だいじょうぶ』

いとうひろし 作・絵
講談社　1995 年

　約四半世紀も前、子育て真っ最中の私は、まさに、おじいちゃんのおまじないの言葉「だいじょうぶ　だいじょうぶ」が聞きたくて何度もこの本を開いては癒されていました。だれしも人生につまずき、行き詰まり、泣いたり悲しんだりの連続ですが、だれかの「だいじょうぶ」に、その都度励まされて乗り越えてきた自分がいます。
　また、作者のいとうひろしさんは、ある雑誌のインタビューで、「この絵本は単なる癒しの本じゃない、大人が子どもに『だいじょうぶだよ』と言うときは、その裏側に子どもが大丈夫だと思える環境を作らなくてはならない。そういう責任を引き受けるだけの覚悟が必要」だと仰っていたのが印象的でした。

093

6〜7歳

『旅の絵本』

安野光雅 作
福音館書店　1977年

　ここ2、3年、コロナ禍で海外に行けなくなり、ますますこの絵本への思いが強くなりました。20代半ば、1年半ドイツに住んでいたことがありますが、安野光雅さんの誘う旅は、ヨーロッパの美しい田舎、街並み、どこか懐かしい生活の匂いや音のする場所が優しいタッチで描かれていて、とても癒されます。行く先々で、その土地の人や暮らしに出合えます。また、有名な絵画をモチーフにしたり、おとぎ話の主人公が出現したり、遊びごころ満載のネームレス（文字のない）絵本です。

　『旅の絵本』は、続々シリーズが出ています。「Ⅰ 中部ヨーロッパ」に始まり、「Ⅱ イタリア」「Ⅲ イギリス」「Ⅳ アメリカ」「Ⅴ スペイン」「Ⅵ デンマーク」「Ⅶ 中国」「Ⅷ 日本」「Ⅸ スイス」そして、2022年最新作の「Ⅹ オランダ」、細かい描写をじっくり楽しみたいロマンティックな体験絵本です。

094

6〜7歳

『としょかんライオン』

ミシェル・ヌードセン 作
ケビン・ホークス 絵
福本友美子 訳
岩崎書店　2007年

　図書館に猛獣？ 表紙を見ただけで、もうたまらなく中身を読みたくなるふしぎな魅力の絵本です。図書館というところは、「決まりを守れば」だれでも入れる所らしい。たとえそれがライオンでも。で、ある日、その図書館に大きなライオンがやって来たのです。お行儀が良い優しい「としょかんライオン」はたちまち子どもたちの人気者に。でも、そんな平穏な日々も長くは続かず、ある事件をきっかけにライオンは、図書館に来られなくなってしまうのです。

　初版出版当初から、「書店員が選ぶ第1位」やら「学校図書館ベストブック」やら、数々の賞を獲得した絵本でした。作者のミシェル・ヌードセン氏は、図書館員の経験もあり、「図書館は、ふしぎな場所。私には本の中の友だちと図書館で働く友だちがたくさんいる」と言っています。

095

6〜7歳

『ふたりはともだち』

アーノルド・ローベル 作
三木 卓 訳
文化出版局　1987年

　主人公は、のんびり屋のがまくんとしっかり者のかえるくんのふたり。ふたりを取り巻く日常の些細な出来事が丁寧にユーモアたっぷりに描かれていく友情物語です。緑色と茶色を基調にした渋い本ですが、かえって一度見たら忘れられない強烈な印象が残る、教科書に出てくる絵本です。

　シリーズが全4作、1作に5編ずつお話が出ています。ふたりを取り巻くストーリーが胸にジーンときて、友情っていいなあと感じられるひとときが味わえます。

　本書は、アメリカの児童図書館協会が年に一度最も優れた絵本画家に贈る「コールデコット賞」を受賞しています。

096

6〜7歳

『フレデリック
　ちょっと　かわった
　のねずみの　はなし』

レオ・レオニ 作
谷川俊太郎 訳
好学社　1969年

　『あおくんときいろちゃん』『スイミー』でおなじみのレオ・レオニ氏の作品です。

　「フレデリック」はほかの野ねずみのように、冬に備えて何もしないのか、まるで『アリとキリギリス』だな…と思われた方が大勢いらっしゃったのではないでしょうか。いえいえ、彼はきちんと冬に備えて彼なりの準備をしていたのです。本書は、とても大人びた作品だと思いました。

　訳者の谷川俊太郎さんと話した時、「フレデリックは、ちょっとみんなとは違った存在。まるで哲学者か詩人のよう」。「先生にも似ていますね」と言ったら、微笑んでおられました。谷川さんもこの『フレデリック』が大のお気に入りのようでした。

0歳〜1歳
1歳〜2歳
2歳〜3歳
3歳〜4歳
4歳〜5歳
5歳〜6歳
6歳〜7歳

097

6〜7歳

『まいにちが
プレゼント』

いもとようこ 作・絵
金の星社　2018 年

　「今を生きる」ことの意味を大切に掘り下げ、毎日朝が来て、今日は昨日に、明日は今日になるという哲学的なメッセージをこの小さなハリネズミが教えてくれます。いついかなるときも、天から届く「今」という恵みの時がプレゼントそのものであると説いています。

　英語で「今」のことを「Present」といいます、私たちは毎日新しい「今日」をプレゼントされているのかも…というラストシーンが素敵ですね。

　いもとようこさんの絵は、とてもチャーミングで、わかりやすくて、心温まる筆致で子どもたちに大人気です。

098

6〜7歳

『まよなかの
　だいどころ』

モーリス・センダック 作
じんぐうてるお 訳
冨山房　1982 年

　モーリス・センダック氏の名作絵本といえば、真っ先に思い浮かべるのは、何といっても『かいじゅうたちのいるところ』、今世紀最高の絵本の呼び声も高かった傑作です。

　そして、本書『まよなかのだいどころ』も、「おやすみなさいの絵本」の代表作ともいうべき、さすがのアメリカンコミック調のファンタジー絵本に仕上がっています。

　ミッキー（子ども）の空想はとてもユニークで、自分がパン生地の中に練り込まれて危うし…のときでも、焦らない。オーブンを抜け出して、パン生地で飛行機をつくり、ミルクを手に入れてあげて、パンやさんたちを救うのです。子どもたちは、ここでも、現実と空想の世界を自由に行き来しています。

099

6〜7歳

『モチモチの木』

斎藤隆介 作
滝平二郎 絵
岩崎書店　1971 年

　小学校高学年の頃、私は、朝日新聞の日曜版の切り絵が大好きでした。とてもシャープでモダンで美しいと子ども心に感じていました。1970 年から 8 年間も続いたという切り絵の世界に魅せられ、ずっとスクラップしていた覚えがあります。後に、その切り絵作家の名前が「滝平二郎」で、『八郎』や『花さき山』など傑作絵本を次々制作した人だということを知り、感慨一入でした。

　「モチモチの木」に月が出て、星が光り、雪が反射して見える描写は、まさに斎藤隆介さんの「モチモチの木にひがついている！」という表現がピッタリでした。言うまでもなく、豆太の勇気によって、モチモチの木に灯がついたのだと思える感動的なシーンとなっています。

100

6〜7歳

『りんごかもしれない』

ヨシタケシンスケ 作
ブロンズ新社　2013 年

　ヨシタケシンスケさんの絵本デビュー作『りんごかもしれない』は、目の前にあるリンゴから様々な妄想をふくらませる男の子の話です。まさに「想像力（創造力）」の爆発です。りんごじゃないかもの時点で、「らんご」「るんご」「れんご」「ろんご」かもしれない「りんご」っぽい絵って想像できますか？

　幼少期のヨシタケさんは、極度の心配性、内向的だったそうですが、彼が嫌なことから逃げて、生きるために選んだのが「絵を描くこと」でした。大人になったヨシタケさんは、「人として一番大事なのは『選ぶ力』、それは生きる力の根本です。『逃げる』とは生きるために『選ぶ』ことです」と仰っています。ストレスを発散するように描いていった『りんごかもしれない』は、大ベストセラーになりました。

絵本で「食育」を

　食生活を取り巻く環境や食に対する意識が大きく変化してきた昨今、食への関心を育み、「食を営む力」の基礎を培う「食育」を実践していくことが益々重要であると考えます。

　『楽しく食べる子どもに～保育所における食育に関する指針～』（食育指針）を踏まえ、園やご家庭での食育の実践活動がよりスムーズに進むように、発達段階を考慮した食育の目安に触れてみました。

1. 食育の意義

幼児期の食育の大切さ ······ 楽しみながら食べること

　　栄養価の高い色々な種類の食べ物を食べること

　　友だちや家族、先生らと一緒に食べる喜びを感じられるようにすること

なぜ食育が必要？

　　子どもたち一人ひとりが「食」に関する好奇心、探究心をもち、生き生きと生きる力を育むために家庭との連携を取りつつ、園での指導を行うと効果的（園における食育）

食事を心待ちにする保育環境

　　ランチルーム（食事の部屋）の工夫

　　　・保育者自身が「美味しそうに食べる」こと

　　　・規則正しい食事の時間　→生活リズムの確立

　　　・給食、業者の弁当　→献立や栄養に配慮　配膳への配慮

　　　・味覚へのこだわり

　　　・家庭の弁当　→手作り・栄養　個人差に配慮

2. 食育の実践

　　栄養、マナー、会食の楽しみ、食べ物や料理をしてくれる人への感謝の気持ちが基本

3. 発達過程に応じた豊かな食体験のイメージ

1〜3歳‥‥‥旬の素材を基本に見立てを楽しみ、食べるまねをし、食具への興味・関心が芽生え、料理の種類を知る。友だちと一緒に楽しくおいしく食べることに喜びを感じる

3〜4歳‥‥‥朝ごはんの大切さを知り、素材への興味関心をそそり（食品の名前を知る）、行事食を体験し、食を選ぶ力を育む

4〜5歳‥‥‥旬の食品があることを理解し、食事のマナー、食べ物のルーツや世界の料理などを知る。栽培への関心が芽生え、嫌いなものでも食べる努力をする（適切な食行動）

5〜6歳‥‥‥食べ物や栄養の知識ができ（食への関心）、「いただきます」の意味を知り、簡単な調理もでき、体の成長と安全な食事への興味が出てくる

4. 絵本と食

食べ物が登場する大人気の絵本

『アンパンマン』『ぐりとぐら』『からすのパンやさん』『やさいさん』『グリーンマントのピーマンマン』『やさいのおなか』『しろくまちゃんのほっとけーき』『おおきなおおきな　おいも』『くだもの』ほか

「食」をテーマにした世界の絵本

『はらぺこあおむし』『もしもせかいがたべものでできていたら』『ぜったいたべないからね』ほか

著者プロフィール

木村 美幸
（きむら みゆき）

（一社）チャイルドロアクリエイト代表理事。作家、編集者、絵本カタリスト®、絵本学会会員。JPIC読書アドバイザー。老舗の児童図書・保育図書版元の元取締役。東京家政大学特任講師歴任。著書に『バスが来ましたよ』（アリス館 2022）『にじいろのペンダント』（大月書店 2022）、『100歳で夢を叶える』（晶文社 2023）、『一冊の絵本』（径書房 2023）ほか。近著に『絵本で実践！　アニマシオン』（北大路書房）などがある。講演会、取材に追われる日々を過ごしている。

松嵜 洋子
（まつざき ようこ）

明治学院大学心理学部教授。博士（子ども学）。臨床発達心理士。専門は発達心理学・保育学・幼児教育学。主な著書は『遊びの保育発達学　遊び研究の今、そして未来に向けて』（川島書店 2014）、『保育内容 健康』（光生館 2018）、『保育の心理学』（北大路書房 2021）など。乳幼児期の身体運動遊びの発達や保育環境の質、幼児教育と小学校教育との接続・連携などの研究に取り組んでいる。

参考文献

● 下山晴彦ら編　『誠信心理学辞典 [新版]』 誠信書房　2014

● 高橋道子・藤﨑眞知代・仲真紀子・野田幸江　『子どもの発達心理学』 新曜社　1993

● 林万り監修　『やさしく学ぶからだの発達 Part 2 運動発達と食べる・遊ぶ』 全国障碍者問題研究会出版部　2015

● 高橋道子・藤﨑眞知代・仲真紀子・野田幸江　『子どもの発達心理学』 新曜社　1993

● 無藤隆・子安増生　『発達心理学Ⅰ』 東京大学出版会　2011

● 中坪史典・山下文一・松井剛太・伊藤嘉余子・立花直樹編　『保育・幼児教育・子ども家庭福祉辞典』 ミネルヴァ書房　2021

引用文献

● 早寝早起き朝ごはん全国協議会、早寝早起き朝ごはんガイド（幼児用）
https://www.hayanehayaoki.jp/

幼児期に身につけたい「動き 36」

たつ	おきる	まわる
さかだちする	のる	うく
すべる	とぶ（垂直に）	のぼる
もつ	ささえる	はこぶ
つかむ	あてる	とる
ふる	なげる	うつ

くむ	わたる	ぶらさがる
あるく	はしる	はねる
はう	くぐる	およぐ
おす	おさえる	こぐ
わたす	つむ	ほる
ける	ひく	たおす

装丁

gocoro 松岡 里美

DTP＆本文デザイン

株式会社ダイヤモンド・グラフィック社

イラスト

石森 なこ

校閲

平川 麻希

ご協力

『これだけは読んでおきたい すてきな絵本100』掲載絵本の出版社様

国立青少年教育振興機構

「早寝早起き朝ごはん」全国協議会

販売促進

黒岩 靖基、恒川 芳久、吉岡 なみ子、大久保 清樹

発達段階×絵本

発達段階別 成長の特徴とおすすめ絵本がわかる

2023年3月3日　初版 第1刷発行
2023年12月19日　初版 第2刷発行

著　者

木村 美幸/松嵜 洋子

発行者

青田 恵

発行所

株式会社風鳴舎

〒170-0005 豊島区南大塚2-38-1 MID POINT 6F

（電話03-5963-5266 / FAX03-5963-5267）

印刷・製本

株式会社ダイヤモンド・グラフィック社